Heidi Velten/Bruno Walter

Große Düfte für kleine Nasen

Heidi Velten / Bruno Walter

Große Düfte für kleine Nasen

Räucherrituale, Dufterlebnisse und Gesundheitstipps für Kinder

Mit Fotos von Heidi Velten

Kösel

Die Hinweise dieses Buches wurden von Autoren und Verlag sorgfältig erwogen und geprüft, dennoch kann eine Garantie nicht übernommen werden. Eine Haftung der Autoren oder des Verlages ist ausgeschlossen.

© 2003 by Kösel-Verlag GmbH & Co., München
Printed in Germany. Alle Rechte vorbehalten
Druck und Bindung: Kösel, Kempten
Umschlag: Elisabeth Petersen, München
Umschlagmotiv und Fotos im Innenteil:
Heidi Velten, Agentur Kunterbunt, Leutkirch-Ausnang
ISBN 3-466-30639-6

Gedruckt auf umweltfreundlich hergestelltem Bilderdruckpapier (säurefrei und chlorfrei gebleicht)

Inhalt

Vorwort   7

Die ganze Welt der Wohlgerüche 9

Entdecken Sie die Möglichkeiten   11
Kindliche Entwicklungsschritte unterstützen   12
Wissen, Lernen und Intuition fördern   12
Was geschieht, wenn wir riechen?   13

Der richtige Duft für das richtige Alter 15

Entwicklungsschritte im Säuglingsalter   16
Duftanwendungen für Neugeborene und Babys   18
Wie Düfte im Kleinkindalter helfen   22
Wie Düfte Schulkinder unterstützen   23
Düfte in der Pubertät sinnvoll einsetzen   25

Der Weg zum Duftverständnis 26

Einen Duft ganz erfassen   27
Wie finde ich die richtigen Worte?   29

Dufte Spiele: Spiele mit Düften und Gerüchen 30

Blinde Kuh: Wer errät den Duft?   31
Detektivspiel   32
Düfte malen   33
Wie klingt der Duft?   33
Märchenfiguren im Duftland   34
Augen zu, Nase zu   36
Jugend forscht: Einen Duftsteckbrief erstellen   37

Räuchern mit Kindern: Ritual und Spiel 38

Was passiert eigentlich bei einer Räucherung?	39
Räucherrituale mit Kindern gestalten	39
Was braucht man zum Räuchern?	40
Für Kinder geeignetes Räucherwerk	43
Räucherwerk selbst gemacht	46
Räucherwerk sammeln	46
Eigene Räuchermischungen	48
Selbst gemachte Räucherkegel	50
Fantasiereisen: Mit Rauchzeichen ins Traumland	51
Traumreise zu Häuptling Weiße Wolke	52
Rauchbotschaften in den Himmel senden	54

Kinder haben Spaß an Düften – draußen, wenn es sprießt und blüht, und drinnen, wenn Räucherwerk und Duftlampe Wohlbehagen und Entspannung bringen.

Ätherische Öle: Feine Essenzen für Körper und Seele ... 55

Wie entdecken die Menschen die ätherischen Öle?	57
Beschreibung der 26 wichtigsten Einzelöle für Kinder	59
Hydrolate: Feine Duftwasser und ihre Anwendung	86
Duftende Körperpflege- und Massageöle	89
Was hilft wie? Übersicht über Einsatzmöglichkeiten ätherischer Öle	94
Ätherische Öle, die für Kinder, insbesondere Säuglinge nicht angewendet werden dürfen	102

Anhang   104

Vorwort

Für viele ist das Schöne in der Welt zuerst eine Augenweide oder ein Ohrenschmaus. Das Schöne liegt aber auch in der Luft: Düfte können uns auf wundersame Weise beglücken und urplötzlich unsere Stimmung positiv wandeln.

Wir alle haben fünf Sinne: Wir sehen und hören, wir fühlen und schmecken und wir riechen. Doch viele Menschen beschränken sich auf einen oder zwei Lieblingssinne. Unsere Kinder wachsen heute in einer Konsumgesellschaft auf, die sehr »augenbetont« arbeitet: Überall versuchen visuelle Reize Aufmerksamkeit zu erregen oder zumindest einen Blick zu erhaschen. Häufig wird der Sehsinn bei den Kleinen am meisten gefördert und beansprucht. Deshalb ist er der ausgeprägteste, aber auch der am meisten strapazierte Sinn, neben dem alle anderen Sinne fast auf der Strecke bleiben.

Die Schönheit des Seins berührt uns aber erst wirklich, wenn alle Sinne offen und aufnahmebereit sind. Eine ganzheitliche und umfassende Wahrnehmung der Realität erreichen wir nur, wenn alle Sinne dazu beitragen. So schenken Naturdüfte und Räucherwerk Freude und Wohlbefinden für Körper, Geist und Seele.

Unseren »kleinen Nasen« können wir die Welt der Düfte wieder näher bringen, um ihnen die wunderbare Vielfalt der Natur wirklich erlebbar zu machen. Dann finden sie irgendwann vielleicht »der Nase nach« ihren ganz eigenen, richtigen Weg durchs Leben.

Die ganze Welt der Wohlgerüche

Wie gut das riecht ... Wir alle kennen den wohligen Schauer, der uns überfliegt, wenn wir einen köstlichen, uns altbekannten Duft in die Nase bekommen. Oft braucht es dazu nicht mehr als einen Hauch. Erinnerungen tauchen auf, Bilder werden wach, Wohlbehagen stellt sich ein – unsere Gefühlswelt regt sich und wie durch einen Zauber wird die Stimmung plötzlich eine ganz andere.
Das Geheimnis dieser Verzauberung ist heute weitestgehend bekannt: Unser angeborener Geruchssinn merkt sich mit dem Duft das dazugehörige Gefühl und hat es jederzeit parat. Manche Künstler und Literaten nutzten das »olfaktorische Gedächtnis« auf ihre ganz eigene Weise: Sie wechselten ihr Parfum alle paar Monate, um sich später exakt an die mit diesem Duft erlebte Zeit erinnern zu können.
Von alters her haben Parfums, Balsame und Duftwässerchen Tradition. Wohlgerüche sind über Jahrhunderte eine Bereicherung in vielen Kulturen gewesen und erleben jetzt wieder eine Renaissance. Düfte sind in Mode gekommen.
Am Anfang aber stand die Räucherung. In Räucherritualen wurden Naturstoffe wie z.B. getrocknete oder frische Pflanzenteile und Harze verbrannt. Auch die Kirche zelebrierte seit jeher Räucherungen. Noch heute wird bei allen großen katholischen Kirchenfesten Weihrauch eingesetzt. Auch aus dem Neuen Testament sind Myrrhe und Weihrauch als Kostbarkeiten bekannt.
Als Geburtsstätte der Aromatherapie gilt das alte Ägypten. Dort liebten es die Menschen, aus Blumen und anderen Pflanzen Duftstoffe zu gewinnen und sie auch im Alltag einzusetzen. Noch heute ist der Orient ein Synonym für seine exotischen und kostbaren Gewürze und Düfte. Die alten Griechen erweiterten dann den Einsatz und das Wissen um die Düfte. Sie fanden heraus, dass Duftstoffe nachhaltig auf Körper und Geist wirken,

und ordneten sie erstmalig in Gruppen. Erlesene Duftkostbarkeiten lieferten im Mittelalter die Klöster: Sie bauten in imposanten Kräuter- und Duftgärten seltene Pflanzen an.

Im 16. und 17. Jahrhundert war es Mode, Duftkügelchen aufzuhängen, um eine Vielzahl an unangenehmen Düften zu übertünchen. Die Wurzeln der heutigen Aromatherapie liegen aber in Frankreich und Italien um 1900. Hier sammelten sich viele Forscher, um die Wirkung der ätherischen Öle genauer zu analysieren. In den 60er Jahren des letzten Jahrhunderts kam dann mit der Hippiebewegung Begeisterung auf für indische Musik und Räucherstäbchen aus Sandelholz und Patchouli.

Räucherkohle in Form von »Räuchertabletten« und Döschen mit Räucherwerk kann man heute ebenso wie alle Utensilien für die Duftlampe in Naturwarenläden oder Reformhäusern kaufen.

Seit ein paar Jahren sind Aromen und ihr Einsatz aus unserem täglichen Leben nicht mehr wegzudenken. Ob Duftlampen, Raumsprays, Blütenpotpourris oder Räucherwerk: In fast jedem Haushalt findet man eine eigene Duftnote.

Man könnte fast den Eindruck gewinnen, dass die Aromatherapie für manche zur reinen Methode der »Wohnraumverschönerung« verflacht ist. Die Aromatherapie wird aber auch anders eingesetzt: Viele Ärzte, ja ganze Kliniken arbeiten mit ätherischen Ölen. Und die Möglichkeiten, die hinter einem gezielten Einsatz von Räucherwerk, ätherischen Ölen und anderen Düften stecken, sind weitaus vielfältiger als bisher angenommen.

So werden heute schon die unterschiedlichsten öffentlichen Räume »beduftet«, damit sich die Menschen wohler fühlen. Hotels, Museen, Flughäfen, Warteräume und Büros sind typische Plätze, die – wahrnehmbar oder für das Bewusstsein nicht identifizierbar – mit Düften »geschmückt« werden, um eine schöne Atmosphäre zu schaffen. Untersuchungen in Japan haben ergeben, dass die Mitarbeiter in Großraumbüros deutlich effizienter arbeiten, wenn ein leichter Zitronenduft in der Luft liegt. Auch das Kaufverhalten in Kaufhäusern lässt sich optimieren, wenn hier den Nasen geschmeichelt wird. Die Grenze zur Manipulation mit Düften kann jedoch bei solchen Methoden schnell überschritten werden.

Entdecken Sie die Möglichkeiten

Dieses Buch soll Ihnen und Ihren Kindern einen einfachen und praktischen Zugang in die Welt der Düfte ermöglichen. Es zeigt ganz konkret, welche Düfte für das jeweilige Alter und die jeweilige kindliche Phase geeignet sind und wie und in welcher Form man sie anwenden kann. Da von Anfang an der Riechsinn mit die ausgeprägteste Sinneswahrnehmung ist, liegen hier ungeahnte Möglichkeiten und Schätze verborgen.

Um Düfte sicher anwenden zu können, ist es jedoch notwendig, sich mit ihrer Anwendung und Wirkung intensiver auseinander zu setzen. Denn nicht alle Düfte sind für alle Altersstufen und alle Situationen geeignet. Viele Düfte sind hochwirksame Heilmittel, deren Wirkungen nicht zu unterschätzen sind. Seitdem ätherische Öle sozusagen »in Mode gekommen« sind, werden sie oft zu sorglos und wahllos eingesetzt, ohne dass man sich der Konsequenzen bewusst ist. Gerade aber wenn es um Kinder und vor allem um Säuglinge geht, ist hier besondere Achtsamkeit und Sorgfalt angebracht.

Kindliche Entwicklungsschritte unterstützen

Mit den richtigen Düften kann man die Entwicklung von Säuglingen, Kleinkindern, Schulkindern und auch Jugendlichen in der Pubertät auf sanfte Weise und ganz natürlich unterstützen. Düfte als Sinnesreize können der auslösende Faktor für anstehende Entwicklungsschritte sein.
Räucherungen mit dazugehörigen Ritualen können kleine und große Erlebnisse von Kindern begleiten, die Atmosphäre reinigen und »gute Geister« auf den Plan rufen. Wir können Botschaften in den Himmel schicken und Fantasiereisen mit Räucherwerk begleiten.
Andererseits können ätherische Öle auch bei ganz konkreten Beschwerden und Problemen eingesetzt werden. Sie wirken bei Blähungen und Erkältungen und helfen Kindern leichter in den Schlaf zu finden. Da sie die Erinnerung und Lernfähigkeit in hohem Maße steigern, können sie bei verschiedensten Schul- und Lernproblemen weiterhelfen. Auch in der schwierigen Zeit der Pubertät sind sie nützliche Begleiter, die als sanfte Unterstützung den Übergang ins Erwachsenenalter ebnen.

Was wirkt wie?	Jeder Duft hat sein ganz spezifisches Wirkungsspektrum. Sie finden daher die ätherischen Öle, die sich für Kindernasen eignen, ab Seite 59 ausführlich dargestellt. Räucherwerk und wie es auf Kinder wirkt, ist ab Seite 43 beschrieben.

Wissen, Lernen und Intuition fördern

Unsere kopflastige und materiell ausgerichtete Zeit, die sich vor allem durch ihre rein äußerliche, wissenschaftliche Betrachtungsweise definiert, hat oft den Blick für das Wesentliche hinter der äußeren Erscheinung verloren. Gerade der Geruchsinn und die Düfte sind eine Brücke: Mit ihnen finden wir den Weg zurück ins Wesenhafte, sie weisen uns den Weg in die ästhetischen, schöpferischen Ursprünge. Diese inneren Welten sind gerade bei vielen Kindern noch lebendig. Ohne Pflege, Beachtung und Förderung können sie aber leicht verloren gehen.

Schätzungen gehen davon aus, dass sich unser Weltwissen jedes Jahr fast versiebenfacht! Auch deshalb werden Kinder immer mehr dazu getrimmt, Wissen in großen Mengen einfach nur abzuspeichern. Der Stoff im konventionellen Schulunterricht wird vornehmlich aufgenommen, verknüpft und in Form von Daten und Fakten wieder »ausgespuckt«.

Inzwischen sucht man nach Möglichkeiten, Kindern Wissen mit ganz anderen Arten des Lernens und Erfassens näher zu bringen. Diese Ideen, die zur Zeit noch im Erprobungsstadium sind, kommen allmählich zu dem Punkt, unser Urwissen (drei Millionen Jahre Evolution), unsere Intuition und Imagination zu entwickeln und zu schulen. Also ein Wissen, das weit über unser rein intellektuelles Erfassen hinausgeht. Ein Weg, um Intuition und Imagination zu schulen, ist der Weg über die Düfte. Wie dies möglich ist, ist ein Thema dieses Buches.

Was geschieht, wenn wir riechen?

Kein anderer unserer Sinne wurde so lange stiefmütterlich behandelt wie unser Geruchssinn, obwohl kein anderer unserer Sinne so schnell den Weg ins Gehirn findet. Das liegt daran, dass der Riechnerv als einziger Gehirnnerv direkt mit der Außenwelt in Verbindung steht.

Zwischen zwei- und viertausend Gerüche kann ein Mensch unterscheiden, im Vergleich zu manchen Tieren zwar eine bescheidene Anzahl, aber trotzdem eine Flut an Informationen: Bei den etwa 23000 Atemzügen pro Tag erreichen unzählbar viele Duftmoleküle unsere Nase.

Wenn uns ein Duft »um die Nase streicht«, gelangen zunächst Tausende von Duftmolekülen in die Nasenhöhle, an deren oberen Ende sie auf das so genannte Riechfeld treffen. Das Riechfeld nimmt etwa sieben Quadratzentimeter der Nasenschleimhaut ein, die aus etwa zehn Millionen Riechzellen besteht. Jede einzelne dieser Riechzellen wiederum ist mit sechs bis acht Flimmerhärchen besetzt und verfügt über so genannte Rezeptoren. Das sind »Andockstellen«, an denen die ankommenden Duftmoleküle sortiert und am jeweils richtigen Platz aufgenommen werden. Durch diesen Kontakt entstehen chemische Reaktionen, die als elektrische Impulse von den Nervenzellen an die Steuerzentren des Gehirns, den Hypothalamus und den Thalamus, weitergeleitet werden. Sie gehören stammesgeschichtlich zum ältesten Teil des Gehirns, dem limbischen System, das oft auch als »Riechhirn« bezeichnet wird. Alle frühen Wahrnehmungen sind an diesem Platz gespeichert.

Die komplexen Abläufe unseres Geruchssinnes und seines »Duft-Gedächtnisses« sind noch nicht alle genau geklärt. Doch darüber sind sich alle Wissenschaftler einig: Düfte beeinflussen uns unbewusst viel stärker als bisher angenommen.

Treffen die Informationen bestimmter Duftmoleküle hier ein, können wir uns wieder an Situationen erinnern, die mit diesem Duft in Zusammenhang stehen. Da erscheinen vor unserem inneren Auge die alten Schulbänke, die immer so komisch nach Bohnerwachs rochen. Urplötzlich hat man wieder die Gefühle der kleinen Ballett-Elevin, wenn man am Leder der ersten Spitzenschuhe schnuppert. Beim Duft von Großmutters Elisenlebkuchen ist man in Sekundenschnelle in die alte Küche zurückversetzt.

Der richtige Duft für das richtige Alter

Säuglinge, Kleinkinder, Schulkinder und die Heranwachsenden haben ihre ganz eigenen Wesensmerkmale, die sich durch die entsprechenden Entwicklungsschritte ausdrücken. Die jeweils anstehenden Entwicklungsprozesse können durch Düfte gefördert und gezielt unterstützt werden. Schon in den ersten Minuten auf dieser Welt wirken Düfte und Gerüche auf das Kind ein. Sie belehren und erziehen uns in den ersten Lebensmonaten und -jahren und begleiten uns das ganze Leben lang. Sie schärfen die Sinne, regen die Kreativität und Lernbereitschaft an.
Da das Riechen eng mit dem limbischen System zusammenhängt und wir uns über diesen ältesten Bereich des Gehirns unserer Gefühle bewusst werden, wird durch das Riechen immer auch das Gefühl angesprochen. Und nicht nur das Gefühl, sondern auch unsere Erinnerungs- und Lernfähigkeit hängen damit zusammen.
Jeder, der seinen Geruchssinn fördert, hält damit auch seine Erinnerungs- und Lernfähigkeit wach und schult sie auf diese Weise. Fast spielerisch ist es so möglich, die eigene individuelle Gefühlsebene und Erinnerungsfähigkeit wesentlich auszubauen und zu verbessern.
Über das Riechen haben wir einen wunderbaren Zugang zu den Dingen hinter der äußeren Erscheinung, die weder mit dem Auge noch mit dem Intellekt fassbar sind. So können wir Gefühlsnuancen genauer erleben und in unsere Persönlichkeit integrieren. Auch die Fähigkeit, unsere Gefühle auszudrücken und mitzuteilen, wird dadurch verbessert. Über die Gefühle wiederum werden uns unsere Mitmenschen und unsere Umwelt verständlicher. In der heutigen Zeit, in der gerade Kinder häufig mit dem Thema Gewalt und Unverständnis für das Gegenüber konfrontiert sind, ist der Weg über die Düfte auch ein Weg hin zum anderen.
Jeder Duft hat auch seine ganz eigene, spezifische Wirkung. Manche Düfte wirken gezielt auf bestimmte Organe, auf die Atmung oder die Haut;

andere fördern die Wundheilung und sind desinfizierend. Fast alle Düfte wirken speziell auf die Psyche: Sie entspannen oder aktivieren oder wecken ganz einfach die Lebensfreude.

Um den passenden Duft für Kinder in einer bestimmten Lebenssituation zu bestimmen, ist es hilfreich, genau zu erfassen, wie der aktuelle Stand der Entwicklung des jeweiligen Kindes ist.

Düfte wirken vielfältig: Gefühle werden angesprochen, Erinnerungen aktiviert, Lern- und Konzentrationsfähigkeiten unterstützt. Sie helfen der Seele, in Einklang zu kommen, und unterstützen bei vielen körperlichen Beschwerden.

Entwicklungsschritte im Säuglingsalter

Ein Kind kommt mit einem ureigenen Überlebensprogramm auf die Welt. Die Natur hat es ganz automatisch so ausgerüstet, dass es die erste Zeit überleben kann. Die so genannten frühkindlichen Reflexe sind ein wichtiger Teil dieses Programms. Aber auch das Kindchenschema sichert ihm die lebensnotwendige Zuwendung und Zärtlichkeit der Eltern.

Nun muss aber ein stetiges, selbstständiges »Lernen« in Gang kommen: Das Gehirn des Säuglings braucht möglichst vielfältige und passende Sinnesreize, um sich entwickeln zu können. Sinnesreize sind die wichtigsten Lernimpulse im Säuglingsalter. Erst dadurch können im Gehirn grobe

Grundmuster entstehen, die sich im Laufe der Zeit immer mehr verfeinern und vertiefen. Einer der wichtigsten Entwicklungsschritte beim Säugling heißt deshalb »Neues lernen«.

> **Vielfältige und passende Sinnesreize anzubieten bedeutet nicht, Säuglinge mit einem Überangebot zu überfrachten. Nicht die Masse ist entscheidend, sondern die Auseinandersetzung mit gezielten und wiederholten Reizen in zarter Dosierung.**
>
> **Reizüberflutung bitte vermeiden**

Wenn ein Kind körperlich das Licht der Welt erblickt, ist damit das Wesen dieses kleinen Menschen noch nicht zum Erdenbürger geworden. So gesehen ist das Wesen nicht mehr ganz in den »himmlischen Regionen« und noch nicht wirklich in der irdischen, materiellen Welt angekommen. Der Säugling braucht also Hilfe, um sich in die äußeren Weltenrhythmen einzuleben. Dazu muss er den Tag-Nacht-Rhythmus kennen lernen, Aktivität und Ruhephasen erleben und sich so allmählich in unsere Welt einfinden. Säuglinge brauchen vor allem Rhythmen und Rituale, um sich in dieser Welt sicher zu fühlen.

Gerade die Düfte als Sinnesreize spielen eine große Rolle bei der Entwicklung des Säuglings. So erkennt er als Allererstes seine Mutter über den Klang ihrer Stimme und vor allem an ihrem individuellen Duft. Das Gehör und der Riechsinn sind nicht umsonst beim Säugling am besten ausgeprägt. Hierbei ist er dem Erwachsenen deutlich überlegen. Weit weniger lebt sich das Neugeborene in seine Umwelt durch das Sehen ein, hier hat es zunächst noch erhebliche Defizite.

Daher bietet es sich für die Eltern an, sich dem Säugling über Berührung, Klänge und Düfte anzunähern. Die Natur hat früher auf ihre Weise für Neuankömmlinge auf dieser Welt gesorgt: In der Natur geborene Kinder hatten Düfte vielfältigster Art und Weise zur Verfügung. Der Duft der Erde war einer der ersten wichtigen Begleiter; Nadelgehölze, Wald- und Wiesendüfte, Gewässer und die unterschiedlichsten Duftnuancen der jeweiligen Jahreszeiten und Wetterlagen waren allgegenwärtig.

In unserer modernen Lebenssituation und besonders in städtischen Lebensräumen sind diese Düfte oft Mangelware. Deshalb ist es sinnvoll, dieses Defizit mit gezielten Duftanwendungen auszugleichen.

> **Hände weg von synthetischen Düften**
>
> Vermeiden Sie vor allem in den ersten Lebenswochen und -monaten Ihres Kindes einen zu verschwenderischen Umgang mit künstlichen Parfums, Deos, Weichspülern und ähnlichen Dufträgern. Ihr Kind erkennt Sie in dieser Zeit primär an Ihrem ganz individuellen »Mutterduft«. Alles, was diesen Urduft übertüncht, irritiert den Säugling.

Duftanwendungen für Neugeborene und Babys

Ur- und Naturdüfte

Der Natur am ähnlichsten sind die Anwendungen mit den so genannten »Urdüften«: Dazu gehören Erde, Gras, Heu und Nadelhölzer. Diese Urdüfte vermitteln dem Säugling Geborgenheit und die notwendige Nestwärme. Sie helfen ihm auf dem Weg, sich ins Irdische einzufinden. Hierbei steht der Duft der Erde an allererster Stelle.

Mit ein paar ganz einfachen Tricks lassen sich diese Urdüfte transportieren. Reiben Sie eine kleine Menge des Original-Duftträgers (z.B. Erde) zwischen den Händen, legen Sie ihn dann beiseite. Der Duft verbleibt in Ihren Händen, so dass Sie ihn anschließend in ein Stückchen Stoff (aus Naturfaser) oder in ein weiches Stoffpüppchen einreiben können. Legen Sie diesen Duftträger nun in die unmittelbare Nähe des Säuglings. Später kann das Kind damit spielen und den Duft direkt »begreifen«.

Eine weitere Möglichkeit sind getrocknete, sanfte Küchenkräuter wie Majoran, Oregano, Schnittlauch, Petersilie und getrocknete Lavendelblüten. Ein einziges Kraut lässt sich auch in frischem Zustand verwenden:

Zitronenmelisse. Alle anderen Küchenkräuter eignen sich nicht, da sie für Säuglinge zu intensiv riechen und wirken. Die Anwendung der geeigneten Kräuter erfolgt wie eben beschrieben über das Einreiben eines Tuchs oder Püppchens.

Bedenken Sie dabei, dass der Geruchssinn des Säuglings sehr ausgeprägt ist. Weniger ist hier auf jeden Fall mehr; verwenden Sie nur eine Prise dieser Kräuter- oder Urdüfte.

Ätherische Öle für Säuglinge

Ätherische Öle, die Säuglingen entsprechen, sollten immer weich, offen, erheiternd, warm, licht und sonnig sein. An diesen Beschreibungen ist schon zu erkennen, dass hauptsächlich leichte und sanfte Öle für die Kleinsten in Frage kommen. Schwere, kalte, modrige und scharfe Düfte sind hier fehl am Platz. Nur therapeutische Fachleute können auch auf solche Öle zurückgreifen. Unter den Beschreibungen der Einzeldüfte ab Seite 59 finden Sie alle wichtigen Details.

Folgende Öle sind für die ganz kleinen Nasen besonders geeignet:

- Anis (nur in geringer Dosierung für spezielle Anwendungen)
- Fenchel (süß)
- Honig
- Karottensamen
- Lavendel (fein)
- Mandarine/Clementine
- Orange
- Rose
- Rosenholz
- Sandelholz
- Vanille/Benzoe Siam

Ätherische Öle, die bei Säuglingen nicht verwendet werden dürfen, siehe Seite 102.

Wie kann man ätherische Öle praktisch anwenden?

Die einfachste Art und Weise, ein Öl für Säuglinge anzuwenden, ist über die Duftlampe. Hierbei wirkt der verdampfte Duft auf das Riechzentrum. 1–3 Tropfen werden in das Wasser der Duftlampe gegeben. Ob Sie eines der oben genannten Öle als Einzelöl oder aber auch als Duftmischung einsetzen wollen, bleibt Ihnen überlassen. Grundsätzlich gilt bei kleinen Kindern: je jünger umso weniger. In den ersten drei Lebensmonaten reicht ein Tropfen völlig aus.

Duftmischungen sollten von Ungeübten aus nicht mehr als drei verschiedenen Einzelölen zusammengesetzt werden. Mischen und verschütteln Sie die Einzelöle in einem neutralen Fläschchen. Ob Sie die Öle zu gleichen Teilen oder schwerpunktmäßig dosieren wollen, bleibt Ihrer Nase überlassen. (Mischungsbeispiele finden Sie ab Seite 94.)

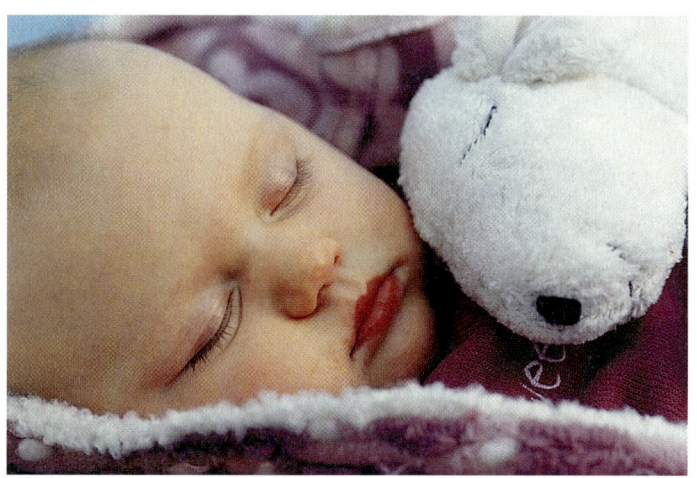

Besonders in der elektrischen Duftlampe lassen sich ätherische Öle gut einsetzen, um beim Einschlafen und Durchschlafen zu helfen. Für Babys eignen sich vor allem Rosenholz, Vanille, Honig und Lavendel fein.

Tropfen Sie verschiedene ungemischte Öle bitte nicht einzeln direkt in die Duftlampe. Erst durch die Mischung und das Verschütteln in einem neutralen Fläschchen entfalten die Einzelöle ihre optimale Duftkomposition. Die Duftlampe sollte immer an einem möglichst entfernten Platz zum Kind im Raum stehen, damit der Säugling nicht zu intensiv mit den Düften konfrontiert wird.

> Achten Sie beim Kauf einer Duftlampe darauf, dass genügend Abstand zwischen Kerze und Wasserbehältnis besteht und das Wasserbehältnis auch groß genug ist. Kontrollieren Sie regelmäßig, ob sich noch genügend Wasser im Behältnis befindet, und gießen Sie nach, wenn zu viel verdampft. Besonders Schalen aus Glas platzen leicht, wenn alles Wasser verdampft ist. Elektrische Duftlampen sind für Kinderzimmer empfehlenswert, weil sie ohne besondere Aufsicht bei den Kleinen stehen können.
>
> **Bei Duftlampen bitte beachten**

Noch sanfter wirken die Düfte bei der Kaltverdampfung. Hierbei wird ein einfaches Baumwolltuch oder eine Stoffwindel in eine Mischung aus Wasser und 3–5 Tropfen eines ätherischen Öles getaucht. Anschließend gut auswringen und in der Nähe des Kindes aufhängen. Vorsicht: Es darf nicht für den Säugling greifbar sein!

Ätherische Öle als Badezusatz

Bei einem Bad mit ätherischen Ölen als Badezusatz werden die Essenzen über das Riechzentrum *und* die Haut aufgenommen.
Eine Zubereitung für die ganz Kleinen mit nur 1 Tropfen, für Kinder ab drei Monaten mit allerhöchstens 3 Tropfen eines ätherischen Öles genügt. Gut verschüttelt mit ca. einem Esslöffel Sahne ist diese Rezeptur auch ein hautpflegender Badezusatz für die Kleinen.

Ätherische Öle für die Massage

Die »Harmonische Baby- und Kindermassage« (siehe auch Buchempfehlung im Anhang) ist eine besonders schöne Möglichkeit, ätherische Öle einzusetzen. Hier kommen neben der Wirkung der Öle über die Haut und das Riechzentrum noch die Zuwendung und der intensive Körperkontakt dazu. 1 Tropfen eines ätherischen Öles oder einer Ölmischung wird mit 10 ml Basisöl, z.B. Mandelöl, vermischt und verschüttelt. (Mehr Infos zu Basisölen und Massagen ab Seite 89.)

Räucherungen im Babyalter?	So sehr auch Kindergarten- und vor allem Schulkinder Räucherungen lieben, für Babynasen sind der starke Duft und die Rauchentwicklung noch zu intensiv. Räucherungen sollten Sie mit Kindern frühestens ab 3 Jahren machen.

Wie Düfte im Kleinkindalter helfen

Nachdem das Hauptthema im Säuglingsalter das Lernen von Neuem war, ist nun die Verfeinerung der bislang erreichten Fähigkeiten angesagt. Kleinkinder können gezielt und bewusst greifen, sie können nicht nur stehen und laufen, sondern erlernen jetzt auch die feinere Motorik: hüpfen und springen. Alle beim Säugling angelegten Muster werden stufenweise feiner und detaillierter.

Ein weiterer Entwicklungsschritt vollzieht sich: die Weiterentwicklung der Gehirnfunktionen. Die Integration beider Gehirnhälften geschieht jetzt nicht mehr nur durch motorische Reize, sondern auch durch so genannte Gedankenbilder. Erst die Vorstellung in Form eines Bildes zu einer Information befähigt Kleinkinder, beide Gehirnhälften gleichrangig einzusetzen.

In keiner anderen Altersstufe müssen Menschen so viel in so kurzer Zeit lernen wie in der Kleinkindphase. Bietet man ihnen dabei genügend adäquate Sinnesreize, so ermöglichen diese eine optimale Unterstützung bei den vielfältigsten Aufgaben. Speziell das Riechen fördert in hohem Maße den Ausbau der Erinnerung und Lernfähigkeit. Kinder, die in dieser Phase vielseitig mit Düften konfrontiert sind und sich mit dem Riechen bewusst auseinander setzen, werden ihre Erinnerungs-, Lern- und Erlebnisfähigkeit automatisch ausbauen.

Wichtig in diesem Alter ist der Drang zum selbstaktiven Gestalten. Alle Eltern von Kleinkindern kennen das ständige »Ich will aber selbst, lass mich selber machen, ich kann allein – ich bin groß!«. Diesen natürlichen Drang sollte man wo immer möglich unterstützen und fördern.

Die Möglichkeiten der Duftanwendung im Kleinkindalter sind nun schon vielfältiger als im Säuglingsalter. Nach wie vor sind die Duftlampe, Massagen und Bäder aktuell. Milde Räucherungen sind jetzt möglich. Dazu kommt der spielerische Aspekt im Umgang mit Düften, der viel mehr Potential birgt, als man zunächst erwartet. Unterschiedlichste Duftspiele, die Kindern einen Riesenspaß machen und fast unbemerkt zur Ausprägung des Riechsinns beitragen, finden Sie ab Seite 30.

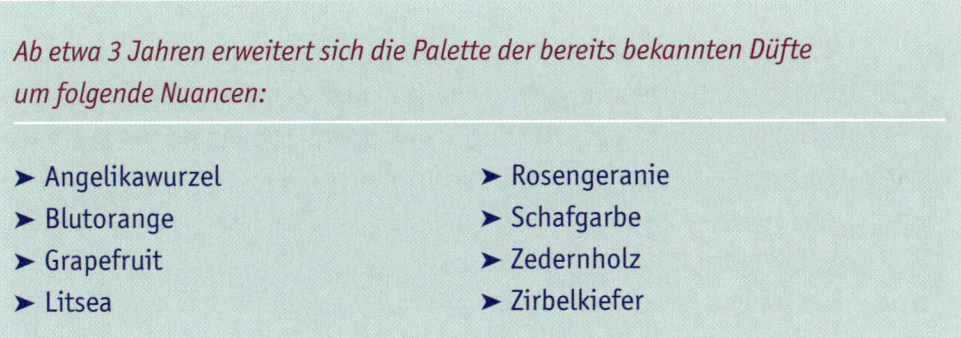

Ab etwa 3 Jahren erweitert sich die Palette der bereits bekannten Düfte um folgende Nuancen:

- Angelikawurzel
- Blutorange
- Grapefruit
- Litsea
- Rosengeranie
- Schafgarbe
- Zedernholz
- Zirbelkiefer

Die Einzeldüfte sind im hinteren Teil des Buches ausführlich beschrieben.

Wie Düfte Schulkinder unterstützen

Mit dem Zahnwechsel beginnt das Kind seine intellektuellen Fähigkeiten auszubauen. Die Entwicklung dieser Fähigkeiten ist ein Hauptthema der schulischen Ausbildung. Diesen Prozess und damit eventuell verbundene Schwierigkeiten lassen sich durch Düfte hervorragend unterstützen bzw. beheben. Neben den lernfördernden Düften haben hier auch besonders konzentrationsfördernde Essenzen, stressreduzierende Öle und persönlichkeitsstärkende Düfte ihren Platz.

Unser Erinnerungsvermögen wird durch Düfte nicht nur an der jeweiligen spezifischen Verbindung von Duft und Situation geschult, sondern auch

Leichter lernen mit Düften

Der Einsatz von Duftalphabeten in den ersten Schulklassen führt zu verblüffenden Ergebnissen. Neben dem Lesen und Schreiben lernen die Kinder das ABC auch über die Nase kennen. Das A wird z.B. mit dem Duft von Anis oder Ananas gekoppelt, das Z mit Zimt. Im Vergleich zu konventionellen Lernverfahren sind die Lernerfolge bei dieser Methode um etwa 40–60 % schneller und vor allem nachhaltiger.

generell: Die Erinnerung als solche wird ganz allgemein verbessert und stimuliert. Deshalb sind Düfte eine großartige Hilfe für Schulkinder, die oft sehr große Mengen an Lernstoff zu behalten haben. Die Lernfähigkeit wird durch den Einsatz von Düften gefördert; Kinder können den Lernstoff wesentlich leichter aufnehmen und sich besser merken. Einige Schulen nutzen inzwischen diese Möglichkeit, um in der ersten Klasse das Alphabet zusätzlich über Gerüche zu lehren.

Schulkinder haben an Räucherungen besonderen Spaß. Die notwendigen Informationen finden Sie im Kapitel »Räuchern: Ritual und Spiel«. Massagen, Bäder und Duftspiele bringen Wohlbefinden und Abwechslung.

Für Schulkinder sind Düfte in Form von Räucherungen spannend. Mit kleinen Räucherritualen kann man Geburtstage oder erreichte Ziele feiern, aber auch Krankenzimmer räuchern und düstere Stimmungen vertreiben.

Die Öle, die für Säuglinge und Kleinkinder geeignet sind, lassen sich auch bei Schulkindern anwenden. Sie können erweitert werden mit:

- Bergamotte
- Muskatellersalbei
- Nana-Minze
- Nadelbäumen (Koniferen)
- Ravensara
- Zitronen-Eukalyptus

Düfte in der Pubertät sinnvoll einsetzen

Mit dem Beginn der Pubertät kann man allmählich Duftöle einsetzen, die bis dahin nur den Erwachsenen vorbehalten waren. Ab etwa 12 bis 16 Jahren stehen den Heranwachsenden im Prinzip also die gleichen Öle wie den Erwachsenen zur Verfügung. Lediglich die Dosierung und die Konzentration in der Anwendung sollten noch geringer sein.

Nicht mehr Kind und noch nicht erwachsen – eine starke innere Zerrissenheit ist charakteristisch für diese Phase. Aus diesem Grund sind Düfte sinnvoll, die eher ausgleichend wirken und zu innerer Stabilität beitragen. Lavendel, alle Holz- und Stammöle, aber auch das Öl der Angelikawurzel sind sehr geeignet.

Speziell Muskatellersalbei und Rosengeranie bieten Unterstützung, wenn wieder einmal »die ganze Welt an allem schuld ist«, die Hormone Achterbahn fahren und man nie so recht weiß, ob der nächste Gemütsausbruch in Lachen oder Weinen endet. Diese schwierige Phase des Übergangs findet ihr Äquivalent im Patchouli, dessen Blätter zur Gewinnung des ätherischen Öles einer Fermentierung ausgesetzt werden. Dabei durchlaufen die Blätter einen Auflösungsprozess und eine Verwandlung findet statt. Auch die Pubertät ist ihrerseits ein Auflösungsprozess: Sie bedeutet eine Loslösung und einen Abschied von der Kindheit hin zur Wandlung zum Erwachsenen. Genau in dieser Phase lässt sich Patchouli-Öl einsetzen. Auch Räucherrituale bieten mit ihrer großen Symbolkraft gute Möglichkeiten, Übergänge zu markieren und besondere Ereignisse zu feiern.

Der Weg zum Duftverständnis

Wie ist es möglich, dass ein vierjähriges Kind an Hand eines Duftes eine nahezu exakte Pflanzenbeschreibung geben kann?
Früher hatten Menschen noch einen tieferen Zugang zur inneren Welt und Wirklichkeit und konnten so auf das *Wesen*-tliche der Dinge stoßen. Dieser Zugang ist heute nahezu völlig verschüttet. Nachdem der Mensch sich immer mehr auf die äußere Welt ausgerichtet hat, verkümmerten seine Wahrnehmung und sein Vertrauen zu inneren Bildern. Nicht viele Menschen sehen heute noch hinter den äußeren Erscheinungen die realen ästhetisch-schöpferischen Wirkungskräfte. Im Laufe der Geschichte gab es aber immer wieder Persönlichkeiten, die für diesen Weg offen waren.

Der Entdecker der Bachblüten-Methode	Vom englischen Arzt Edward Bach ist bekannt, dass er allein durch den Kontakt zu einer Pflanze ihre Wirkungsweise erfassen konnte. Manchmal reichte es aus, dass er einen Pflanzenteil auf die Zunge legte und daraus die genaue Information der Pflanzenwirkung zur Verfügung hatte. Bach war der Entdecker der nach ihm benannten Bachblüten-Methode.

In ähnlich intuitiver Weise kam Hildegard von Bingen zu ihrer Medizin- und Edelstein-Therapie. Die so genannte Hildegard-Medizin ist neben vielen naturheilkundlichen Möglichkeiten heute ein populärer Bestandteil alternativer Heilverfahren.
Ist es möglich, solche verborgenen Schätze in sich wiederzuentdecken? Wie können wir den Zugang zu diesem verborgenen Wissen finden und auch unseren Kindern eröffnen? Wie sieht der Weg dahin aus? Tatsächlich ist in kleinen Kindern diese innere Welt noch ganz natürlich vorhanden. Wichtig ist, sie ihnen zu erhalten und zu vertiefen. Wir möchten Ihnen zeigen, wie Sie Ihren Kindern über die Düfte einen Zugang dahin weisen können.

Einen Duft ganz erfassen

Die naheliegendste und einfachste Auseinandersetzung mit einem Duft ist der direkte Weg über die Nase. Versuchen Sie, sich mit den Kindern einem Duft völlig unvoreingenommen zu nähern. Bei ätherischen Ölen z.B. greift man sich ein Ölfläschchen, ohne zu wissen, um welchen Duft es sich handelt. Sie sollten mit Ihrer Nase genügend Abstand zum Fläschchen halten oder verwenden Sie besser noch einen Duftstreifen. Natürlich ist dazu auch die Verwendung von Räucherwerk, Kräutern oder Blüten möglich.

Dann beginnt über das Riechen die praktische Auseinandersetzung mit dem Duft. Meist versucht unser Verstand sofort, die Arbeit zu übernehmen: Er verbindet mit dem Duft die bisherigen im Gehirn abgespeicherten Informationen und wir fragen uns sofort: »Wie heißt dieser Duft?« Wir denken also über den Duft nach. Nun sollte aber das genaue Gegenteil passieren: Was kommt vom Duft zu uns? Was wir über einen Duft denken oder zu wissen glauben, sollten wir konsequent und immer wieder beiseite legen.

Sie werden durch das Riechen wahrnehmen, dass dieser Duft z.B. frisch oder fruchtig, süß oder herb, leicht oder schwer, warm oder kalt usw. riecht. Vielleicht ist es für Sie eine Hilfe, wenn Sie mit den Kindern ganz spielerisch vorgehen und ein möglichst reales Duftwesen entstehen lassen. Wie könnte es aussehen, wo lebt es, wie alt ist es, ist es angenehm oder nicht? Die Duftsprache greift fast immer auf Symbole zurück. Da den Kindern die ganze Welt der Bildsprache hierfür offen steht, wird ihre Fantasie Sie oft verblüffen.

Ein weiterer Schritt ist es nun, sich mit der Herkunft des Öles zu beschäftigen: Aus welchem Pflanzenteil stammt der Duft? Denn es macht einen gewaltigen Unterschied, ob wir ein Öl aus einem Wurzelteil einer Pflanze oder aus einer Blüte gewinnen.

WURZELÖLE symbolisieren immer Standfestigkeit und schaffen einen Bezug zur Realität.

BLÄTTER- UND NADELÖLE haben einen Bezug zur Atmung und zum klaren Denken; deshalb sind sie gerade zum Lernen oder auch im Büro geeignet.

BLÜTENÖLE repräsentieren zarte Leichtigkeit und wirken erheiternd. Fantasie, Kreativität und Intuition werden durch Blütenöle angeregt.

Alle FRUCHTÖLE wirken kurz und spontan. Sie sind aufheiternd, machen fröhlich und fördern die Konzentration.

SAMENÖLE wirken stärkend auf den Körper und die Psyche und gelten als wahre Poweröle. Außerdem wirken sie günstig auf den Verdauungsapparat und den gesamten Stoffwechsel ein.

STAMM- BZW. HOLZÖLE schaffen eine gewisse Erdverbundenheit und erhalten gleichzeitig die Kreativität, Fantasie und Intuition. Stammöle verbinden immer die Themen der Wurzel mit den Blättern, Blüten und Früchten im oberen Teil des Baumes. Sie wirken ausgleichend und stabilisierend.

KRÄUTERÖLE wirken wie Blatt- und Blütenöle, haben aber – je nach Kraut – eine ganz individuelle, spezifische Wirkung.

Noch ein weiterer Schritt in unserer Betrachtung: Wie sieht die geographische und klimatische Herkunft aus? Kommt die Pflanze aus einem südlichen, sonnigen Gebiet mit nährstoffreichen Böden oder wächst sie in einer kargen, nördlichen Gebirgslandschaft?

Ein Öl aus dem Süden wird Wärme, Leichtigkeit und Offenheit vermitteln. Öle aus kargen Gebirgslandschaften vermitteln in hohem Maß Ausdauer und Widerstandskraft. Sie werden überrascht sein, wie oft Sie allein durch das Riechen urplötzlich eine konkrete Vorstellung vom Pflanzenteil und von der geographischen Herkunft bekommen.

Immer wieder neu

Diese ästhetisch-schöpferische Arbeit mit Düften ist umso intensiver und bereichernder, je mehr Zeit und Geduld Sie mitbringen. Auch nach Jahren kann man unbekannte Aspekte in einem scheinbar schon bekannten Öl entdecken.

Mehr Sicherheit und Vertrauen zur eigenen inneren Wahrnehmung bekommen Sie, wenn Sie die so entstandenen eigenen Erkenntnisse mit den Beschreibungen von Fachleuten vergleichen und erweitern und dadurch auch eine Sicherheit für den zukünftigen Umgang mit ätherischen Ölen und anderen Düften erhalten. (Vergleiche auch das Duftprotokoll auf Seite 61.)

Kindern kann man diese Thematik auch noch spielerischer vermitteln. Beispiele dafür finden Sie im folgenden Kapitel »Dufte Spiele«.

Wie finde ich die richtigen Worte?

Oft fehlen uns einfach die Worte, wenn es um die Beschreibung eines Duftes geht. Oder es verschlägt uns im wahrsten Sinn des Wortes die Sprache, wenn ein köstlicher Duft ganz nahe ist. Fast ist es wie mit den Träumen: Kaum hat man eine Vorstellung und Erinnerung an sie, sind sie schon wieder flüchtig.

Das Vokabular, das wir zur Beschreibung von Düften zur Verfügung haben, ist gering. Manche spekulieren, dass dieser reduzierte Wortschatz auf mangelnde Sinneswahrnehmung in diesem Bereich schließen lässt.

Doch um überhaupt mit Düften arbeiten zu können, ist ihre treffende sprachliche Darstellung ein Muss. Deshalb werden Begriffe aus ganz anderen Wahrnehmungsbereichen herangezogen, um einen Duft sprachlich zu umschreiben: Begriffe aus der Musik oder Malerei sind hier besonders naheliegend. Zur Fachsprache der Parfumeure, auch die »Nasen« genannt, gehören z.B. Begriffe wie *grüne Duftnoten, hohe Kopfnoten* und *volle Herznoten*.

»Samtig, gelb, laut, süß und schwül« sind z.B. typische Bezeichnungen in der Fachwelt. Lassen Sie sich aber auch die Freiheit, Ihre ganz eigene Duftsprache zu kreieren und zu erweitern.

Dufte Spiele: Spiele mit Düften und Gerüchen

Mit Düften spielerisch umzugehen kann man mit ganz einfachen Mitteln, denn »Duftspiele« sollen in erster Linie die Freude am Riechen wecken, die kreativen Potentiale erweitern und auch den Sinn für Duft-Kultur öffnen.

Unsere Welt wird immer komplizierter und unübersichtlicher, gerade auch für die Heranwachsenden. Sicher werden unsere Kinder in Zukunft wieder mehr darauf angewiesen sein, sich in einem Wust von Informationen und Wissen auf ihre Empfindungen verlassen zu können. »Den richtigen Riecher« zu haben wird immer bedeutender werden, denn so können sie einen Wissensstoff »anzapfen«, der weitaus größer und mächtiger ist als unser erlerntes, rational abgespeichertes Wissen.

Da Kindernasen noch offen und interessiert für alles Neue und Ungewöhnliche sind, ist es nicht schwer, sie für das Schnuppern zu begeistern. Mit einfachen Mitteln, etwas Einfallsreichtum und kreativen Ideen lassen sich lustige und interessante Duftspiele gestalten, bei denen Kinder spielerisch zu mehr Achtsamkeit in der Wahrnehmung hingeführt werden und sie wieder die Wertigkeit »kleiner Dinge« spüren. So kann man ihnen *Wunder*-bares und Staunenswertes erhalten.

Beim Musizieren, beim Zeichnen und Malen, beim Gestalten und Spielen kommen Kinder auf diese Weise ganz unkompliziert mit Düften in Kontakt. Damit öffnet sich ihnen die Welt der Ästhetik: Die Sinne werden aufnahmebereit und kreative Quellen werden freigesetzt. Es wird eben nicht nur hingehört und hingeschaut, sondern auch »hingeschnuppert«; die Kinder werden so für die Welt der Düfte und für das Wesentliche sensibilisiert.

Gerade in kleinen geselligen Runden wie beim Kindergeburtstag, im Kindergarten oder auch in Spielgruppen sind Duftspiele eine ausgefallene,

neue Spielidee, die einem Zusammentreffen eine ganz besondere Note verleiht. Alle Duftspiele lassen sich in der warmen Jahreszeit draußen und im Winter daheim spielen.
(Bedenken Sie bitte, dass allzu viele Düfte auf einmal die kleinen Nasen strapazieren können.)

Blinde Kuh: Wer errät den Duft?

Wer errät meinen Duft? Die »Blinde Kuh« sitzt mit verbundenen Augen in einem Kreis aus etwa fünf Personen und darf Düfte riechen. Jeder Mitspieler bietet dem Kind seinen Duftträger an und sagt seinen Namen. Anschließend wählt sich jeder einen anderen Platz, so dass eine neue Sitzordnung entsteht. Die »Blinde Kuh« geht nun im Kreis und versucht an Hand des Duftes die Person zu erraten.

Ob allein oder als Gruppenspiel – *Blinde Kuh* mit Düften macht jede Menge Spaß. Je nach Alter kann man den Schwierigkeitsgrad variieren. Jüngeren Kindern hilft es, wenn sie vorher alle Düfte mit offenen Augen »erschnuppern« können.

Es geht zunächst bei dieser einfachsten Spielversion gar nicht unbedingt darum, den Duft zu benennen, sondern ihn einfach wiederzuerkennen.

Wichtig: Die Düfte sollten sich stark unterscheiden, um es den Kindern erst einmal leicht zu machen. Sie finden in Ihrem Haushalt bestimmt ein paar spannende Duftnoten: Zitrusfrüchte (Mandarine, Orange, Zitrone), Küchenkräuter (Majoran, Oregano, Petersilie) oder Küchengewürze (Zimtrinde, Vanilleschoten, Nelken). Ätherische Öle und Räucherwerk sind natürlich immer geeignet, wenn vorhanden. Um es den kleinen Nasen am Anfang nicht zu schwer zu machen, eignen sich z.B. folgende ätherische Öle: alle Zitrusdüfte, Honig, Zimt, Lavendel, Fenchel und Patchouli.
Steigern Sie allmählich den Schwierigkeitsgrad, indem Sie Düfte auswählen, die sich sehr ähnlich sind, für die Kindernasen also schwieriger zu differenzieren. Beispielsweise haben alle Zitrusdüfte und auch alle Nadelhölzer einen gemeinsamen Grundcharakter.

Detektivspiel

Für dieses Spiel eignen sich vorrangig ätherische Öle, denen man leicht auf die Spur kommen kann.
Ein Mitspieler trägt einen Duftstreifen mit sich, fächert ihn durch die Luft und versteckt sich im Raum. Mit verbundenen Augen geht der Detektiv »der Nase nach« auf die Suche. Die anderen Spielteilnehmer helfen, indem sie auf die heiße oder kalte Spur hinweisen. Für dieses Spiel eignen sich nur Düfte, die markant und auch schnell präsent sind, etwa Zitrusdüfte, aber auch Nadelhölzer, weil sie so stark riechen, dass man sie auch mit verbundenen Augen finden kann.

Duftstreifen

Die intensiven Düfte ätherischer Öle sollten gerade Kinder nicht direkt am Fläschchen erschnuppern, sondern lieber über einen Duftstreifen. Duftstreifen können Sie bei speziellen Herstellern (siehe Anhang) erhalten. Ganz einfach lassen sie sich aber auch aus Löschpapier selber »schneidern«.

Düfte malen

Verteilen Sie Malpapier und Farbstifte und bereiten Sie die Kinder auf das Malen der Düfte vor. Das ist sehr wichtig, denn mit dem Ziel des Malens vor Augen riechen Kinder anders: eben was »malbar« ist, genauer und bewusster. Sie können unterschiedliche Duftträger verwenden. Besonders empfehlenswert sind wegen ihrer Intensität und Reinheit jedoch ätherische Öle. Vorsicht: Die Kinder sollten die ätherischen Öle niemals direkt an der Flasche erschnuppern, sondern immer nur von einem Duftstreifen mit etwas Abstand.

Nun dürfen alle erst einmal nach Herzenslust schnuppern und schnüffeln und allmählich den Duft herausfinden, der ihnen am besten gefällt. Danach geht es an die »Arbeit«: Jetzt dürfen die kleinen Nasen sich das Bild ihres Lieblingsduftes malen – ganz frei nach Lust und Laune und ohne Vorgaben.

Ein Kind malt, was es gerochen hat. Fragen Sie deshalb als Erwachsener nicht nach, was das Bild darstellen soll, denn: Wie ein gemaltes Gefühl aussehen soll, dafür gibt es keine Regeln. Das ist das Schöne beim Malen von Düften: Der Fantasie der Kinder sind keine Grenzen gesetzt. Sie können abstrakte oder gegenständliche Bilder malen, alles kann hier nur richtig sein, für Duftbilder gibt es keine Maßstäbe.

Falls sich kleinere Kinder am Anfang schwer tun, können Sie Ihnen eine kleine Brücke bauen. Lassen Sie die Kleinen erst einmal an diesem und jenem Duft riechen und fragen Sie dann: Welche Farbe hat dieser Duft?

Wie klingt der Duft?

Lassen Sie die Kinder an jeweils einem Duft riechen und fragen Sie, an welches Instrument oder an welchen Klang dieser Duft erinnert. (Auch die Duftsprache von Profis nimmt aus Mangel an treffenden Worten Töne und Klänge zu Hilfe, um einen Duft zu beschreiben.)

Auch die Umkehrung dieses Spieles ist interessant: Alle hören gemeinsam ein Musikstück an und überlegen dann, welcher Duft dazu passen könnte. Spannend wird es natürlich, wenn man eine kleine Reihe von ganz unterschiedlichen Musikstücken vorspielt und dabei auf die einzelnen Aspekte hört, z.B. in »Karneval der Tiere« oder »Peter und der Wolf«.

Märchenfiguren im Duftland

Dieses Spiel macht auch in größeren Gruppen Spaß, etwa im Kindergarten. Bereiten Sie ein paar Duftträger vor und lassen Sie die Kinder zuerst an verschiedenen Düften riechen. Dann stellt sich die Frage, wie der Duft wohl aussieht: fein und zart wie eine Prinzessin oder knorrig wie ein Zwerg oder ein Riese? Ist der Duft männlich oder weiblich, lebt er in den Bergen oder am Fluss?
Die Kinder werden bei diesem Spiel angeregt, innere Bilder entstehen zu lassen; hierbei können eigene Erlebnisse mit einfließen, aber auch reine Fantasiegebilde entstehen.
Auch beim Vorlesen von Märchen und Geschichten kann man eine wahrhaft märchenhafte Stimmung zaubern, wenn man Düfte mit ins Spiel bringt. Wie sieht der Zwerg oder Riese wohl aus und wie riecht es in seiner Umgebung? Ist er beliebt oder gefürchtet?

Die Augen schließen und schnuppern – wie könnte man den Duft beschreiben? Welche Farbe passt dazu, welche Märchenfigur fällt den Kindern dazu ein? Eine vorwitzige Elfe vielleicht oder eher ein stolzes Einhorn?

Augen zu, Nase zu

Vielleicht kennen Sie dieses Spiel noch aus Ihrer Kindheit? Heute ist es auf jeden Fall ein Partyknüller, der sich denkbar einfach und in kurzer Zeit vorbereiten lässt.

Marmelade, Honig, Leberwurst, Käse: Bereiten Sie mit ein paar ganz verschiedenen Aufstrichen Butterbrote vor und schneiden Sie sie in kleine, mundgerechte Happen. Auf zu scharfe und bittere Geschmacksrichtungen sollten Sie verzichten.

Die Kinder setzen sich in eine kleine Runde und es wird ausgelost, wer anfangen darf. Wie bei der »Blinden Kuh« werden dem Ersten die Augen verbunden, jetzt muss er sich aber noch die Nase gut zuhalten. Ein Kind bietet der »Blinden Kuh« ein Häppchen an und füttert sie. Allein an Hand des Geschmacks soll das Kind feststellen, um was es sich wohl handelt.

Achtung, nicht schummeln! Bei diesem Spiel soll ausschließlich der Geschmackssinn gefördert und getestet werden. Es ist für Kinder (und auch für Erwachsene) immer wieder eine große Überraschung zu erleben, was ihnen verloren geht, wenn sie nicht mehr riechen können.

Plötzlich ist ein Honigbrot nicht mehr vom Marmeladebrot zu unterscheiden. Besonders witzig für alle Teilnehmer wird das Spiel natürlich dann, wenn die »Blinde Kuh« das Honigbrot nicht mehr vom Senfbrot unterscheiden kann.

Alle Kinder kommen der Reihe nach dran und wer's bis jetzt nicht geglaubt hat, wird es nun selbst erleben! Dieses Spiel fördert wie kaum ein anderes das Bewusstsein für die Bedeutung des Geschmacks- und vor allem des Geruchssinns.

Jugend forscht: Einen Duftsteckbrief erstellen

Wenn Kinder durch verschiedene Duftspiele etappenweise an einzelne Düfte herangeführt worden sind, ist das Duftprotokoll die Quintessenz. Bei den Spielen ging es hauptsächlich um eine Annäherung an das Thema Riechen und Düfte, um das erste Erfassen einzelner Duftbereiche. Beim Duftprotokoll geht es um eine möglichst komplette und genaue Erfassung eines einzelnen Duftes.

Ältere Kinder können ihre eigenen Duftsteckbriefe erstellen; kleinere Kinder werden dabei von Erwachsenen angeleitet.

Lassen Sie Ihr Kind den Professor in seinem Duftlabor spielen: Fläschchen stehen vor ihm, Duftstreifen werden ausgeteilt und das Duftprotokoll soll ausgefüllt werden. Wählen Sie nun mit den Kindern einen Duft aus, den es zu erforschen gilt. Die Vorgaben des Duftprotokolls (siehe Seite 61) können Ihnen eine Hilfe sein: Riecht der Duft waldig, fruchtig, süß oder herb, ist er schwer oder leicht, holzig oder erdig?

Wie klingt der Duft, an welche Musik oder an welches Instrument erinnert er? Ist es schnelle oder langsame Musik, sind es eher lustige oder traurige Klänge?

Wie würde der Duft als lebendiges Wesen aussehen? Denkt man bei dem Duft eher an eine zarte Fee oder an einen gewaltigen Riesen? Welches Getränk oder welches Gericht könnte dieser Duft sein? Welche Farbe hat er? An welche Landschaft erinnert er? Was macht der Duft mit uns? Macht er uns fröhlich, entspannt oder schwer?

Die eigene Duftsprache zu finden ist hierbei ein wichtiger Aspekt. Kinder lieben es, auch eigene Worte zu kreieren und so ihren Vorstellungen und ihrer Fantasie Ausdruck verleihen zu können.

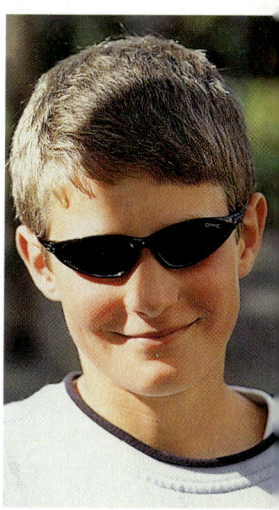

Räuchern mit Kindern: Ritual und Spiel

Räuchern ist eine der ältesten und einfachsten Duft-Anwendungsarten. Lange bevor man die Möglichkeit hatte, ätherische Öle zu gewinnen, war das Räuchern in allen großen Kulturen bekannt und beliebt.

Räucherungen waren auch immer ein Ereignis: Sie wurden seit jeher vorbereitet, in Ritualen zelebriert und besonders wertgeschätzt. Ihre Themen und Ziele waren dabei ganz unterschiedlich: Räume wurden auf diese Weise desinfiziert und gereinigt, aber auch als Krönung eines Festes war ein Räucherritual angesagt. In Kulturen, die Krankheiten als von bösen Geistern und Dämonen gesendete Botschaften ansehen, spielt das Räuchern eine besondere Rolle. Kranke Menschen sollen durch dieses Ritual von den bösen Wesen befreit werden.

Lange waren Räucherungen selbstverständlicher Teil von Brauchtum und Zeremonien. Heute werden die wohltuenden »Botschaften an den Himmel« wiederentdeckt. Harze, Samen, Kräuter und Wurzeln eignen sich besonders als Räucherwerk.

Was passiert eigentlich bei einer Räucherung?

Das materielle Räucherwerk wandelt sich durch den Räuchervorgang: Aus dem Pflanzenmaterial lösen sich dabei mit dem aufsteigenden Rauch die Duftstoffe und verbreiten sich langsam in alle Winkel.
Räucherungen symbolisieren einen Prozess, bei dem sich das materielle Erscheinungsbild in ein geistiges verwandelt. Diese Symbolik hilft, den Kindern zu veranschaulichen, dass es hinter den äußeren, materiellen Erscheinungen feinere, subtilere, geistige Ebenen gibt.
Im Alter von drei bis vier Jahren kann man mit Kindern anfangen zu räuchern, für kleinere Kinder ist es noch nicht empfehlenswert.
Räucherungen haben auf Kinder immer eine magische Anziehungskraft. Allein schon Gestaltung und Vorbereitung einer Räucherung führen sie in eine gespannte Erwartungshaltung.
Besonders stimmungsvoll und schön ist eine Räucherung natürlich abends im gedämpften Licht, untermalt von sanfter Musik oder draußen bei Sonnenuntergang.

Räucherrituale mit Kindern gestalten

Räucherungen mit Kindern eignen sich z.B., um die Bedeutung bestimmter Zeiten oder Situationen zu betonen – seien sie besonders freudig, ernsthaft oder feierlich. Zu folgenden Anlässen wäre ein stimmungsvolles Räucherritual mit Kindern denkbar:

ZUR EINSCHULUNG: Wir feiern den Übergang vom Kindergarten- zum Schulkind.
WENN EIN HAUSTIER GESTORBEN IST: Wir können uns vorstellen, wie seine Seele mit dem Rauch in den Himmel zieht und unsere guten Gedanken mit auf die Reise nimmt.

BEIM AUSZUG: Wir räuchern die Zimmer, verabschieden uns und bedanken uns bei unserer Wohnung/dem Haus für die letzten Jahre.

BEIM EINZUG: Wir räuchern die Zimmer, stellen uns alle vor und bitten um kommende schöne Jahre, vielleicht unter dem Schutz der guten Hausgeister.

WENN WIR EINEM LIEBEN MENSCHEN EINE BOTSCHAFT SCHICKEN WOLLEN: Wir stellen uns vor, wie unsere guten Wünsche mit dem Rauch alle Entfernungen überwinden.

WENN EIN ZIEL ERREICHT WURDE: Für eine Herausforderung, die die Kinder gemeistert haben, kann ein Räucherritual ein würdiger Abschluss sein.

NACH EINER ÜBERSTANDENEN KRANKHEIT und/oder zum Ausräuchern des Krankenzimmers.

PUBERTÄTSRITUALE: Besondere Anlässe wie den Mofaführerschein, die mittlere Reife, die erste Menstruationsblutung oder einen selbst gewählten Zeitpunkt können wir zum Anlass nehmen, mit einem Räucherritual den Abschied von der Kindheit und den Übergang ins Erwachsenwerden zu feiern.

Was braucht man zum Räuchern?

In Innenräumen

- Räucherkohle oder Räucher-Stövchen
- Räucherwerk
- Streichhölzer
- feuerfeste Schale
- Sand oder Kieselsteinchen

Draußen

- Räucherwerk
- Feuerplatz
- Grillkohle oder Lagerfeuer
- Grillanzünder

In Innenräumen sollte man Räucherwerk besonders zu Beginn sparsam verwenden. Die Rauchentwicklung ist oft stärker, als man meint. Nachlegen können Sie immer noch. Und wenn's noch nicht genug raucht, hilft pusten!

Räucherkohle kann man heute in fast allen Naturwarengeschäften und Reformhäusern kaufen. Sie wird in Rollen zu zehn Stück angeboten und hat die Form von »Räuchertabletten«. Eine kleine Einbuchtung ist bereits eingearbeitet, so dass man das Räucherwerk ganz einfach auffüllen kann. Wenn die Räucherkohle versehentlich nass geworden ist, kann man sie im Backofen vorsichtig trocknen.

Nehmen Sie sich genug Zeit, wenn Sie räuchern wollen, und sorgen Sie für eine gemütliche oder feierliche Atmosphäre. Bereiten Sie dann die Räucherkohle vor und legen Sie sie in ein Bett aus Sand. Geeignet sind dafür kleine oder große Tonschalen oder feuerfeste Blumenuntersetzer, so dass das entzündete Räucherwerk sicher glühen kann.

Auf die gut durchgeglühte Räucherkohle legt man *allerhöchstens* einen gestrichenen Teelöffel des Räucherwerkes.

Mittlerweile sind auch Räucher-Stövchen erhältlich, die die Kohle überflüssig machen. Ein spezielles, feinmaschiges Sieb mit dem Räucherwerk wird dabei direkt über ein Teelicht gehängt.

Verwenden Sie zuerst immer ganz wenig Räucherwerk, denn die Rauchentwicklung ist meist viel stärker, als man annimmt! Mit der Zeit entwickeln Sie sicher ein gutes »Händchen« für die richtige Dosierung, die für Kinder angenehm ist.

Ist die Rauchentwicklung einmal wirklich zu heftig, können Sie den Raum auch zwischendurch kurz durchlüften, es bleibt immer noch genug »Rauchstimmung« hängen.

> **Vorsicht!** Räucherkohlen glühen bis zu zwei Stunden und dürfen nicht unbeaufsichtigt bleiben! Löschen Sie die Reste der Räucherung einfach im Waschbecken, wenn das Ritual beendet ist.

Ein wunderbares Schauspiel für alle Kinder ist das Räuchern im Freien. Besonders in abendlicher Stimmung auf der Terrasse oder dem Balkon sind Räucherungen z.B. mit Lavendel, Guggul oder der Mischung »Traumland« (siehe Seite 48) ein herrliches Spektakel. In frischer Luft kann man es mit den Kindern mal so richtig »qualmen« lassen.

Lagerfeueratmosphäre ist für Kinder immer spannend. Durch eine Räucherung kann sie noch ihren krönenden Abschluss bekommen. Wenn das Feuer heruntergebrannt ist, gibt man das Räuchermaterial in die Glut. Hierfür eignen sich Gebinde aus Lavendel, Küchenkräutern, aber auch frische, harzige Tannenzweige. Gerade heftige Rauchentwicklungen machen die Räucherung im Freien für Kinder zu einem Fest.

Ein Räucherritual im Garten oder auf der Wiese – da sind alle aufmerksam dabei. Reihum können die Kinder das Räucherwerk auf die Feuerstelle legen und dabei eine Botschaft in den Himmel schicken.

Für Kinder geeignetes Räucherwerk

Für Kinder eignet sich vor allem folgendes Räucherwerk:

Sandelholzpulver (Santalum album)
PFLANZENTEIL: Holz
DUFTNOTE: warm, süß, leicht aromatisch, samtig
Sandelholzräucherungen sind beruhigend und vermitteln eine gelassene Stimmung. Deshalb sind sie gerade für überreizte Kinder geeignet, die generell Schwierigkeiten haben, zur Ruhe zu kommen. Für abendliche Räucherungen im Rahmen eines Einschlafrituals ist Sandelholz ideal.

Benzoe Siam (Benzoe siamensis)
PFLANZENTEIL: Harz
DUFTNOTE: süß, vanillig, warm, sanft
Durch die süße, vanilleähnliche Duftnote ist diese Räucherung eine der beliebtesten bei Kindern. Ihr sanfter, harmonisierender Charakter ist Balsam für kleine zappelige Gemüter.
Gerade Kinderzimmer gewinnen durch eine Räucherung mit Benzoe Siam tagelang eine Stimmung, die Kindern entgegenkommt: Auf magische Weise wirkt es anziehend und ausgleichend auf die Kleinen.

Guggul (Commiphora mukul)
PFLANZENTEIL: Harz
DUFTNOTE: süß, warm, harzig, leicht balsamisch, weihrauchähnlich
Dieser Duft ist besonders geeignet, um kreative, schöpferische Kräfte zu wecken. Wenn Kinder mit sich und der Welt nichts anfangen können und nur noch gelangweilt sind, unterstützt Guggul und bringt neue Inspirationen. Gerade Schulkinder mit solchen Problemen können von dieser Räucherung profitieren. Guggul ist auch ein Bestandteil bei vielen Heilräucherungen.

Süßgras (Hierochloe odorata)

PFLANZENTEIL: Gras

DUFTNOTE: krautig, süß, warm

Süßgras eignet sich besonders in jahreszeitlichen Übergangsphasen, in denen Erkältungen und Infekte typischerweise auftreten. Da es reinigende und klärende Wirkung hat, ist es hierfür ein beliebtes Räucherwerk. Es wird meist in Form von Räucherzöpfen angeboten und ist eine schöne Abwechslung zu den bekannten Räucherungen.

Süßgras hilft, wenn sich Menschen besser aufeinander einstimmen wollen, weil es eine gute Stimmung anzieht. Deshalb ist es gerade auch für den Familienfrieden und für eine gute Stimmung in Klassenzimmern eine passende Räucherung.

Indianer-Zeder (Juniperus virginiana)

PFLANZENTEIL: Wacholderspitzen

DUFTNOTE: krautig, herb, grün

Der Grundcharakter dieser Räucherung ist stark reinigend. Er vertreibt schwierige Stimmungen aus Räumen und auch aus dem menschlichen Gemüt.

Beim Einzug in neue Räumlichkeiten ist die Indianer-Zeder die richtige Räucherung (auch im Urlaub für Hotelzimmer oder Ferienwohnungen!).

Weihrauch indisch (Boswellia serrata)

PFLANZENTEIL: Harz

DUFTNOTE: harzig, süß, frisch

Von den verschiedenen Weihrauchsorten eignet sich für Kinder besonders der indische Weihrauch. Er ist im Duft etwas leichter und frischer und dem kindlichen Gemüt näher.

Der Weihrauch ist ein ideales Räucherwerk, wenn sich Wut und Ärger im wahrsten Sinne des Wortes in Luft auflösen sollen. Sowohl bei kleinen Kindern, aber auch bei ungezügelten Ausbrüchen pubertierender Teenies verbessert Weihrauch die Stimmung im Haus und sorgt für Ausgeglichenheit und Klärung in der Familie.

Patchouli (Pogostemon cablin)
PFLANZENTEIL: fermentierte Blätter
DUFTNOTE: erdig, exotisch, balsamisch
Patchouli ist wie bei den ätherischen Ölen auch als Räucherwerk ein beliebter Duft in der Pubertät, weil er die schwierige Übergangszeit ideal unterstützt und erleichtert.

Räuchermischungen und Räucherstäbchen

Gute Duftmischungen werden auf der Packung mit Duftnote und Wirkungsweise beschrieben. Bitte beachten Sie bei Räuchermischungen für Kinder, dass sie im Duft vorrangig die Themen süß, warm und harmonisierend beinhalten sollten. Schwere und extravagante Duftmischungen sind nichts für kleine Nasen.

Bei der Riesenauswahl an Räucherstäbchen sollten Sie unbedingt auf hochwertige Qualität achten. Namhafte Firmen (siehe Anhang) sind unbedingt zu bevorzugen.

Räucherkegel sind für »Einsteiger« besonders geeignet. Hier sind die Duftstoffe direkt in das brennbare Material eingearbeitet. Achten Sie jedoch auf gute Qualität. Künstlich aromatisierte Kegel riechen häufig sehr aufdringlich.

Räucherwerk selbst gemacht

Gerade in der warmen Jahreszeit ist es naheliegend, mit den Kindern eigene Pflanzen zu ziehen, die sich im Herbst und Winter dann zum Räuchern eignen. Allein schon ihr eigener kleiner Blumenkasten auf dem Balkonsims macht Kindern eine Riesenfreude: Sie sehen, wie die Pflänzchen wachsen, später können sie diese dann ernten, trocknen lassen und zu kleinen Räuchergebinden verarbeiten.

Getrocknete Kräuter lassen sich auch im Mörser oder mit der Küchenmaschine ganz fein mahlen. Sie sind dann optimal als Räucherwerk vorbereitet und zur Verarbeitung in Räucherkegeln geeignet. Ganz einfach zu ziehen sind die meisten klassischen Küchenkräuter. Als Räucherwerk eignen sich besonders:

MAJORAN: besänftigt das Gemüt und erfreut das Herz
ROSMARIN: streng würzig, zum Ausräuchern von Wohnräumen (erst ab 7 Jahren)
SALBEI: stark reinigend, wirkt antiseptisch, gut zur Ausräucherung von Krankenzimmern
THYMIAN: innerlich erwärmend, stärkt das Durchsetzungsvermögen
YSOP: ein warmer, klärender Duft; zählt zu den heiligen, mystischen Räucherungen (passend zu Fantasiereisen mit Kindern)

Räucherwerk sammeln

Wer sich ein bisschen Zeit nimmt, findet auch in der Natur einiges an Räucherstoffen. Je mehr man die Kinder einbezieht, umso mehr verbinden sie später die Naturerfahrung mit dem Räucherritual.

So wächst bei uns z.B. auf vielen Wildwiesen Süßgras, das man auch Mariengras nennt. Im Herbst kann man das lange Gras schneiden und zu 2 cm dicken Zöpfen flechten. Wenn man diese Zöpfe später an einem luf-

Lavendel macht alle Räucherungen feiner und weicher. Küchenkräuter eignen sich für Räucherungen mit Kindern besonders, denn Kinder lieben das Selbermachen. Dabei können sie Anzucht, Wachsen und Ernten selbst miterleben. Hier ist Benzoe Siam unter die Blütenrispen gemischt.

tigen Platz aufhängt, können sie gut durchtrocknen. Die trockenen Zöpfe dann an einem Ende anzünden und glimmen lassen.

Wacholderbeeren sind ebenfalls leicht zu finden und eine gute Ergänzung für Räuchermischungen.

Zu jeder Jahreszeit – sogar im Winter – kann man die Harze der Nadelgehölze an den Bäumen finden. Je härter das Harz bereits ist, umso besser ist es für Räucherungen geeignet.

Fast in jedem Garten wächst Lavendel! Wenn er in voller Blüte steht, kann man seine Rispen ernten und trocknen. Lavendel ist eine wunderbare Ergänzung für alle Räucherwerke, er macht alle Düfte etwas sanfter. Vor allem wird seine ausgleichende Wirkung geschätzt.

Auch Rosenblütenblätter können im Garten oder in der freien Natur zur späteren Räucherung gesammelt und getrocknet werden. Sie geben allen Harzen eine edle Note.

Eigene Räuchermischungen

Aus den beschriebenen Räucherwerken lassen sich sehr einfach eigene, individuelle Räuchermischungen kreieren. Mit etwas Fantasie können Sie mit Kindern aufregende Kombinationen mischen. Einige Beispiele:

Mischung »Traumland«

Diese Mischung eignet sich besonders zur Räucherung als Einschlafritual.
1 Teil Sandelholzpulver
2 Teile Benzoe Siam
1 Teil Lavendel

Mischung »Fantasia«

Wie schon der Name dieser Mischung besagt, regt sie die Fantasie an und stärkt die Intuition, daher gut geeignet für Fantasiereisen.
2 Teile Guggul
1 Teil Indianer-Zeder
1 Teil Sandelholzpulver

Mischung »Gute Geister«

Für Rituale, die z.B. die Chaoszwerge aus dem Kinderzimmer verbannen und die Ordnungsgeister rufen sollen.
Lavendel
Rosenblütenblätter
Thymian
zu gleichen Teilen oder nach Belieben zu mischen

Mischung »Wut weg«

Mit dieser Mischung vertreibt man Wut-Geister und Zorn-Kobolde!
1 Teil Lavendel
2 Teile Weihrauch indisch
1 Teil Benzoe Siam

Räucherungen wirken sehr subtil auf Körper und Psyche. Eine Wut-weg-Mischung zum Beispiel kann in einer emotional stark aufgeladenen Atmosphäre ausgleichen und beruhigen.

Mischung »Kleiner Medizinmann«

Nach Krankheiten ist es immer günstig, das Zimmer auszuräuchern. Aber auch vorbeugend, gerade in den klassischen Erkältungs- und Ansteckungszeiten, bewährt sich diese Mischung.
Süßgras (zerkleinert)
Salbei
Ysop
Benzoe Siam
zu gleichen Teilen mischen

Alle diese Mischungen können Sie auch selbst zu Räucherkegeln weiterverarbeiten.

Selbst gemachte Räucherkegel

Mit dem Traganth, einer in Indien wachsenden Pflanze, die ein gummiartiges Harz liefert, können Kinder wunderbare Mischungen kreieren. Traganth ist in allen Apotheken frei verkäuflich, es ist völlig geruchsfrei und unschädlich, auch wenn es verbrennt.
Und so wird's gemacht:
2 Teelöffel Traganth in einer Tasse mit Wasser verrühren, bis es etwas aufschäumt.
Etwa eine Stunde quellen lassen. In dieser Zeit können die Kinder getrocknete Kräuter ihrer Wahl in einem Mörser zerkleinern, fein schneiden oder zerhacken.
Kräuter in eine Schüssel geben, mit dem gequollenen Traganth vermischen und im Verhältnis 1 Teil Traganth, 3 Teile Kräuter gut durchkneten. Wenn sich eine homogene Masse gebildet hat, können jetzt ganz leicht Kugeln, Kegel oder kleine Fantasiegebilde geformt werden. Wenn es bröselt, einfach noch ein bisschen Traganth dazugeben.
Kräutermischungen kann man hierbei nach Lust und Laune verwenden, ganz nach Geschmack entweder mehrere Zutaten oder nur eine.
Die selbst gemachten Räucherkegel müssen jetzt allerdings noch einige Tage gut durchtrocknen, was an einem luftigen und warmen Platz am besten gelingt.

Der Sinn von Ritualen

Jedes Ritual hat bei Kindern einen besonderen Stellenwert. Heute ist der Wert des Rituals höher denn je anzusetzen. Gerade Räucherrituale geben innere Ruhe, Gelassenheit und Halt. Sie stärken das Gruppengefühl, erzeugen Glücksgefühle und bringen die Kinder in einen Zustand des Losgelöstseins vom Alltag. Dieser Ruhezustand fördert die inneren Sinneswahrnehmungen: Angenehme Gefühle werden wach, Erinnerungen steigen auf und die Fantasie wird beflügelt.

Fantasiereisen: Mit Rauchzeichen ins Traumland

Fantasiereisen sind für Kinder eine wunderbare Entspannungs- und Visualisierungsübung. Sie können eigene innere Bilder entstehen, quasi einen Film im Kopf spielen lassen. Gerade für Kinder, die im Alltag einer ständigen Reizüberflutung ausgesetzt sind, sind Fantasiereisen eine Hilfe, wieder eigene Ideen und Vorstellungen zu entwickeln.

Während die Kinder den Fantasiereisen zuhören, können sie sich ganz auf die aufsteigenden Bilder konzentrieren. Düfte helfen ihnen dabei, in die innere Welt einzutauchen.

Sorgen Sie für eine wohlige, gemütliche Atmosphäre. Schön ist es, wenn die Kinder sich hinlegen können. Bereiten Sie Räucherkohle und Räucherwerk vor wie vorne beschrieben. Denken Sie sich selbst eine kleine Szene aus oder lesen Sie eine Geschichte vor. Es gibt viele schöne Bücher mit Fantasiereisen für Kinder aller Altersstufen. Sprechen Sie langsam und lassen Sie den Kindern Zeit, Bilder vor ihrem inneren Auge entstehen zu lassen. Beenden Sie Fantasiereisen nicht zu abrupt; die Kinder brauchen vielleicht ein paar Minuten, um wieder richtig im Hier und Jetzt zu landen. Die folgende Geschichte, die in einem Indianerdorf spielt, macht sicher allen Kindern Spaß.

Traumreise zu Häuptling Weiße Wolke

Alle anwesenden Kinder machen es sich mit genügend Abstand zum Räucherwerk bequem und betrachten eine Weile die aufsteigenden Duftwolken. Dann schließen sie die Augen und schnuppern ganz genau nach den Räucherdüften, um mit ihnen zu Häuptling Weiße Wolke zu schweben.

Indianerhäuptling Weiße Wolke sitzt groß und mächtig vor seinem Zelt. Es ist mit vielen Symbolen und Bildern von Büffeln, Pferden und Bären geschmückt. Er betrachtet das emsige Treiben seines Stammes um sich herum. Indianerkrieger kommen von der Jagd, Kinder rennen lachend zwischen den Zelten umher, einige Frauen gehen zum Angeln, andere kümmern sich um das Maisfeld. Weiße Wolke ist der ruhende Mittelpunkt des Dorfes und strahlt Ruhe und Gelassenheit aus.
Zweimal in der Woche dürfen alle Kinder zu ihm kommen, die etwas auf dem Herzen haben. Er hört ihnen aufmerksam zu und hat viel Zeit, sich um ihre kleinen und großen Probleme zu kümmern.
Rote Feder, ein kleiner Indianerjunge, kommt heute zu Häuptling Weiße Wolke – sein weißes Pony ist krank, es hat eine schlimme Wunde und große Schmerzen.
Der alte Häuptling weiß, was in solchen Fällen zu tun ist. Er bereitet am Boden eine Räucherstelle vor. Dann zündet er das feine Räucherwerk an: Es knistert ein bisschen und langsam steigt der Rauch vor ihm auf. Im Rauch entstehen allmählich Bilder. Er sieht das kranke Pony hinter dem Zelt des kleinen Jungen stehen, es lässt den Kopf hängen. Es geht ihm ziemlich schlecht, denn seine Wunde schmerzt. Häuptling Weiße Wolke greift in einen alten Lederbeutel und nimmt einige duftende Kräuter heraus. In einer großen Tonschale mischt er sie und gibt sie Rote Feder. – »Könnt ihr den Duft auch riechen?«
Dankbar nimmt Rote Feder die geheimnisvolle Mischung mit nach Hause. Er behandelt sein Pony einige Tage damit und auf wundersame Weise wird es schnell gesund.

Rauchbotschaften in den Himmel senden

In diesem Spiel können Kinder ihre ganz eigenen Fantasiereisen entwickeln und Rauchbotschaften schicken.
Legen Sie ein Tuch bereit, das groß genug ist, damit alle, die am Spiel teilnehmen, einen Zipfel davon in die Hand nehmen können. Sorgen Sie für eine ruhige, angenehme Atmosphäre und bereiten Sie Räucherkohle und Räucherwerk vor wie vorne beschrieben. Den aufsteigenden Rauch können die Kinder nun betrachten und sich dabei überlegen, wohin sie ihre Traumreise machen wollen oder wem sie ihre Rauchbotschaft senden wollen.
Jedes Kind bekommt einen Zipfel des Tuches in seine Hände und alle schwenken es gemeinsam auf und ab. Jedes Kind darf der Reihe nach seine Traumreise oder Rauchbotschaft erzählen.

Geschmäcker sind verschieden! Nicht jeder Duft, den Kinder oder Heranwachsende mögen, muss auch Ihnen angenehm sein. Vor allem in ihren eigenen Räumen sollten sie jedoch die Freiheit haben, sich mit ihren Lieblingsdüften zu umgeben.

Die Rauchbotschaften können sich z.B. an die guten Feen richten, die auf das Zuhause aufpassen, sie können böse »Durcheinandergeister« aus dem Kinderzimmer vertreiben und natürlich die »Ordnungsgeister« herbeirufen. Vielleicht tragen sie auch einen Gruß an den besten Freund, der weggezogen ist, oder an die Oma, die in einer anderen Stadt lebt. Die Fantasiereisen können auch in Märchen- oder Spielzeugländer gehen oder an Plätze, die die Kinder einmal besuchen wollen.

Ätherische Öle: Feine Essenzen für Körper und Seele

Ätherische Öle sind Essenzen, die aus verschiedenen Pflanzen, Kräutern und Heilpflanzen gewonnen werden und die feinstoffliche Duftstoffe beinhalten. Pflanzen lagern die ätherischen Öle als winzige Tröpfchen in Blüten, Blättern, Stängeln und Wurzeln ein, um Insekten anzulocken und Mikroorganismen wie Pilze und Bakterien abzuwehren. Aber auch der eigene Stoffwechsel der Pflanzen braucht ätherische Öle für verschiedene biochemische Vorgänge.

In die berühmten kleinen Duftfläschchen kommen die wertvollen Öle, nachdem sie durch Kaltpressung oder Wasserdampfdestillation und andere Verfahren gewonnen wurden. Vorsicht: Diese Essenzen sind zwar naturrein, aber auch hoch konzentriert und hochwirksam und sollten deshalb mit Kenntnis benutzt werden.

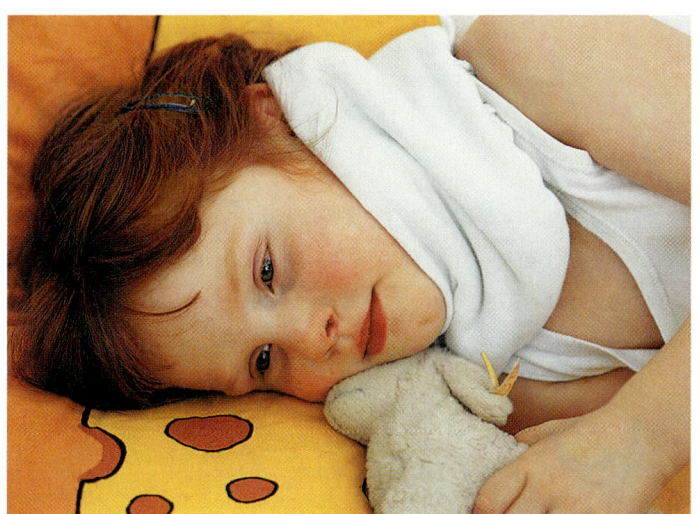

Seit Jahrhunderten werden ätherische Öle in der Heilkunde eingesetzt. Besonders bei Erkältungen und Kopfschmerzen sind sie hochwirksam. Die besten Einsatzmöglichkeiten für Kinder finden Sie auf den folgenden Seiten.

- Achten Sie beim Kauf eines ätherischen Öles darauf, dass es sich um 100% naturreine Essenzen handelt.
- Schnuppern Sie vor dem Kauf eines Öles an einem Testfläschchen, um sicherzugehen, dass Ihnen der Duft zusagt.
- Verwenden Sie ätherische Öle sparsam. Weniger ist fast immer mehr! In der Aromalampe reichen 3–5 Tropfen für Erwachsene, für Säuglinge 1 bis allerhöchstens 3 Tropfen!
- Wechseln Sie regelmäßig die Öle, um Ihre Nase zu schulen und zu sensibilisieren, aber überfordern Sie Ihren und den Geruchssinn der Kinder nicht durch zu üppige Ölmischungen.
- Bewahren Sie Ölfläschchen immer unerreichbar für Kinderhände auf.
- Bedenken Sie, dass nicht alle Öle, die für Erwachsene geeignet sind, auch Kindern gut tun – am Ende dieses Buches finden Sie die Liste mit Ölen, die besonders im Babyalter nicht verwendet werden sollten.
- Informieren Sie sich, bevor Sie ein Öl kaufen, auch immer über den Preis, um keine unangenehmen Überraschungen zu erleben. Die Preisspanne innerhalb der ganzen Palette der ätherischen Öle ist groß.

Kostbare Düfte — Um nur einen einzigen Tropfen eines ätherischen Öles zu gewinnen, braucht man riesige Mengen an Pflanzen: Aus etwa 1000 Kilogramm handgesammelten Orangenblüten lässt sich maximal 1 Liter Neroli (Orangenblütenöl) destillieren. Aus ungefähr 30 Rosenblüten gewinnt man ein Tröpfchen kostbares Rosenöl.

Grundsätzlich gilt, dass der Einsatz eines Duftes immer dezent sein und mit der Stimmung, der Situation und auch mit dem Zeitpunkt harmonieren sollte. Sobald Sie versuchen, mit einem Duft etwas zu »erzwingen«, laufen Sie Gefahr, Barrieren zu errichten und das Gegenteil zu erreichen.

> **Synthetik heilt nicht**
>
> Synthetische Nachbildungen von ätherischen Ölen haben nichts mehr mit den echten Essenzen gemeinsam. Synthetische Öle sind eigentlich »tote« Öle, sie sind geistlos und als Heilmittel nicht zu gebrauchen. Erst die Ganzheit und die Vielfalt der Bestandteile eines Öles machen seine Qualität aus; künstlich nachgebaute Teilbereiche können diesem Anspruch nie genügen. Ein Beispiel: Reines ätherisches Rosenöl beinhaltet nach Schätzungen 300 bis 400 Inhaltsstoffe. Um einen synthetischen Rosenduft zu erzeugen, reichen 9 bis 12 Inhaltsstoffe.

Wie entdeckten die Menschen die ätherischen Öle?

Eine Überlieferung aus Indien erzählt: Ein hoher Fürst gab vor langer Zeit ein prächtiges Fest. Zur Hochzeit seiner einzigen Tochter schmückte der gesamte Hofstaat den Palast mit den kostbarsten Dingen: Gold, Silber, Edelsteine und Kerzen, alles im Überschwang.
Trotzdem war es dem Fürsten für das Ehrenfest seiner Tochter noch immer nicht schön genug. Also rief er seinen Hofstaat zu sich, um sich zu beratschlagen.
Viele seiner Minister steuerten Ideen bei, um das Fest noch imposanter zu gestalten: feinste Speisen sollten bereitet, die berühmtesten Musiker, Gaukler und Fakire des Landes geladen werden. An nichts wurde gespart. Da schließlich meldete sich ein junger Minister mit einem einmaligen Vorschlag zu Wort: Um die Hochzeitsgäste mit einem berauschenden Duft zu empfangen, solle man alle Rosenblüten des ganzen Reiches herschaffen lassen und mit ihnen das Wasser um das Schloss herum bedecken.
So etwas hatte es noch nie gegeben: Die Hochzeitsgäste waren betört von den berauschenden Rosendüften, die sich um das ganze Schloss verbreiteten. Auch durch die Räume des ganzen Palastes wehte plötzlich ein Duft, der die Menschen verzauberte.

Drei Tage wurde ein rauschendes Fest gefeiert und als sich das Fest dem Ende zuneigte, begannen die Rosenblätter zu welken. Der Fürst ließ sie nun mit kleinen Booten von der Wasseroberfläche einsammeln. Als das Wasser wieder frei war, entdeckte man Tausende von kleinen, schillernden Öltröpfchen. Sie funkelten wie duftende Sternchen auf der Wasseroberfläche.

Die heiße Sonne Indiens hatte das ätherische Öl der Rosenblüten gelöst und freigegeben. So wurde durch einen Zufall die Idee geboren, Düfte »einzufangen«. In kleinen Fläschchen werden sie seitdem als ätherisches Öl aufbewahrt.

Beschreibung der 26 wichtigsten Einzelöle für Kinder

Zitrusdüfte

Auf der einen Seite spontan und intensiv, auf der anderen Seite leicht flüchtig und kurzlebig: Das sind ganz typische Merkmale aller Zitrusdüfte. Das heißt, sie sind sofort präsent, wirken jetzt, aber sind nicht lange anhaltend. Diese kurze, aber intensive Wirkung hilft uns, Missstimmungen augenblicklich positiv zu beeinflussen.

Alle Zitrusdüfte vermitteln das sanguinische, südländische Temperament. Sie sind lebensfroh, offen und zeigen uns sofort die süße und freudige Seite des Lebens. Zitrusdüfte sind also *die* Stimmungsmacher unter den Düften. Es ist daher kein Wunder, dass gerade in den kalten Wintermonaten bei uns die Zitrusfrüchte und -düfte so überaus beliebt sind. Wir holen uns mit ihnen einen Hauch des Südens in die kalte Jahreszeit.

Da alle Zitrusdüfte die ätherischen Öle in der Schale eingelagert haben, können diese durch Pressung gewonnen werden. Spritzmittel sind in Öl lösbar, deshalb sollte man beim Kauf von Zitrusölen besonders auf naturreine und qualitativ hochwertige ätherische Öle achten!

Öle aus biologisch angebauten Produkten sind hier auf jeden Fall zu empfehlen (gekennzeichnet mit kbA = kontrolliert biologischer Anbau).

ORANGE: **Der Duftcharakter der Orange ist fruchtig, warm, leicht, offen und erheiternd.**

MANDARINE: **Den Duft der Mandarine können wir sozusagen als die kindliche Seite der Orange beschreiben. Im Duft der Mandarine ist das Thema »Orange« generell einen Hauch zarter und weicher und deshalb besonders für Kindernasen geeignet. Schon bei den kleinsten Kindern ist dieser Duft der Favorit.**

Grapefruit, Blutorange und Clementine sind weitere Zitrusdüfte, die bei Kindern einen hohen Stellenwert haben. Für Schulkinder ist auch Bergamotte geeignet. Zitrone dagegen ist *kein* Kinderöl; der Duft ist für kleine Nasen zu kalt und frisch.

ZITRUSÖLE MISCHEN SICH GUT MIT: fast allen anderen Ölen; sie geben einem etwas schweren Duft einen leichteren Charakter und sie können Duftmischungen aufheitern und sympathischer machen.
WIRKT IM KÖRPER: leicht stoffwechselanregend, muskelentspannend
WIRKT IM GEMÜT: aufheiternd, konzentrationsfördernd
WIRD EINGESETZT: zur Stimmungsaufhellung, bei Lernproblemen

Auf der nächsten Seite sehen Sie ein Duftprotokoll,
wie es Fachleute erstellen,
um sich einem Duft anzunähern.
Es dient hier als exemplarisches Beispiel.

DUFTPROTOKOLL

Name	Mandarine		
Botanischer Name	Citrus reticulata		
Herkunft	Italien	Mandarine grün = Brasilien	
Gewinnung	Kaltpressung		
Verwendeter Pflanzenteil	Frucht/Schale		
Kinderalter ab	Säugling		
Geruch	leicht/sanft	mittel	stark
frisch waldig			
frisch fruchtig		X	
frisch minzig			
süß		X	
herb			
erdig			
modrig			
waldig			
holzig			
balsamisch			
leicht	X sehr leicht		
schwer			
warm		X	
samtig			
Eigenes	weich, hell, kindlich		
Dauer	kurz	mittel	lang
	X		
Musik			
schnell			
langsam			
beschwingt	X		
ruhig	X		
Instrument	irische Flöte	Twistle	
Mensch/Gestalt	kindlich, jugendlich, mädchenhaft		
Essen/Gericht	leichter Nachtisch/Süßspeise		
Getränk	leichter Fruchtsaft		
Landschaft/Jahreszeit	südländischer Frühsommer		
Farbe	hellgelb		
Wirkt im Körper	muskelentspannend		
Wirkt im Gemüt	entspannend, erheiternd, gibt Freude und Leichtigkeit		
Wird eingesetzt	als Kinderduft, für Massageöle, zum Lernen		

Litsea

Botanischer Name: Litsea cubeba
Herkunft: China
Gewinnung: Wasserdampfdestillation
Pflanzenteil: Frucht
Kinderalter: ab 3 Jahre

Sein Duft lässt eine Zitrusfrucht vermuten, Litsea ist aber ein Lorbeergewächs. Dennoch kann man dieses Öl wie alle Zitrusdüfte gebrauchen: Es ist erfrischend und erheiternd.
Gerade für ältere Kinder ist Litsea als Erweiterung zum Zitrusthema ideal. Es ist ein hervorragender Duft zum Lernen und zur Konzentrationsförderung.

DUFTCHARAKTER: zitronig, fruchtig, hell, frisch, warm, etwas herb
MISCHT SICH GUT – wie die Zitrusöle – mit fast allen anderen Ölen. Es gibt schweren Ölen einen leichteren Charakter und kann Duftmischungen aufheitern und sympathischer machen.
WIRKT IM KÖRPER: appetitanregend, klärend für den Geist
WIRKT IM GEMÜT: aufheiternd, konzentrationsfördernd
WIRD EINGESETZT: wie Zitrusdüfte, bei Lernproblemen

Vanille

Botanischer Name: Vanilla planifolia
Herkunft: Madagaskar
Gewinnung: Alkoholextraktion
Pflanzenteil: Fruchtschote
Kinderalter: ab Säugling

Der Vanilleduft zeichnet sich durch eine ganz besondere Eigenschaft aus: Es ist ein ganz individueller Vanilleduft, an dem das Neugeborene zuerst seine Mutter erkennt. Über den Geruchssinn prägt sich ein erstes, zartes Band zwischen Mutter und Kind.

Nach der Geburt und während der ganzen Stillzeit ist ein sanfter, vanilleartiger Duft präsent: bei der Mutter hauptsächlich im Brustwarzenbereich, beim Neugeborenen am Kopf und ganz speziell im Bereich der großen Fontanelle.

Mit keinem anderen Duft verbinden wir so sehr das Thema »Mutter« und damit Geborgenheit und Nestwärme. Ein Leben lang ist mit diesem Duft ein inniges »Verstandenwerden« präsent. Dieser Duft ist auch ein Synonym für das Urvertrauen: Er vermittelt dem Kind spontan das Gefühl, sich bedingungslos fallen lassen zu können. Alles ist dann gut.

DUFTCHARAKTER: süß, warm, balsamisch. Dieser Duft wirkt besänftigend, ausgleichend bei Ärger, Frustration und Überreizungen. Da Vanille eigentlich ein Samenöl ist, wirkt es insgesamt kräftigend und stabilisierend.

MISCHT SICH GUT MIT: Honig, Mandarine, Sandelholz und Neroli. Eine besonders edle Mischung ergibt sich mit einem Hauch Rosenöl.

WIRKT IM KÖRPER: hautpflegend, appetitanregend

WIRKT IM GEMÜT: beschützend, einhüllend, Geborgenheit vermittelnd

WIRD EINGESETZT: bei Heimweh, Sehnsucht nach Geborgenheit und frustrierten Stimmungen

So unscheinbar das weiße Vanilleextrakt wirkt, so betörend ist sein Duft. Öle, die eine ähnliche Aussage und Thematik haben wie Vanille, sind z.B. Benzoe Siam, Kakao-Extrakt und die Tonka-Bohne.

Benzoe Siam

Botanischer Name: Styrax tonkinensis
Herkunft: Thailand
Gewinnung: Alkoholextraktion
Pflanzenteil: Harz
Kinderalter: ab Säugling

Da es wie die Vanille einen typisch vanilleartigen Duft verströmt, passt Benzoe Siam hervorragend ins Säuglings- und Kleinkindalter.
Das ätherische Öl der Benzoe wird aus einem Harz gewonnen und vermittelt deshalb – mehr als die Vanille – die Erdverbundenheit.
Vor allem bei trockener und gereizter Haut ist Benzoe als Pflegezusatz und Duftnote für Massageöl günstig. Oft wird dieses Öl als Ersatz für die Vanille bezeichnet. Im Säuglings- und Kleinkindalter ist Benzoe aber eine geeignete, gleichwertige Variation zum Vanillethema.

DUFTCHARAKTER: vanillig, leicht schokoladig, leicht samtig, balsamisch, süßlich
MISCHT SICH GUT MIT: Zitrusdüften, Lavendel fein, Sandelholz, Neroli und Rose
WIRKT IM KÖRPER: positiv auf die Atemwege, schleimlösend
WIRKT IM GEMÜT: einhüllend, beruhigend, vermittelt Nestwärme
WIRD EINGESETZT: bei Husten, Halsentzündungen, Bronchitis, zur Hautpflege und zum Einschlafen

Honig (HONIGWABE)

Herkunft: Frankreich
Gewinnung: Alkoholextraktion
Verwendeter Teil: Honigwabe
Kinderalter: ab Säugling

Beim Honigduft handelt es sich um das ätherische Öl aus den Bienenwaben. Gerade in der Advents- und Weihnachtszeit ist dieser Duft besonders durch echte Bienenwachskerzen gegenwärtig.

Das Hauptthema des Honigduftes ist die gemütliche Geborgenheit und Nestwärme, die wir alle aus Kinderzeiten kennen. Gerade in der Winterzeit, wenn es früher dunkel wird und sich alle zu Hause einfinden, ist dieser Duft trostspendend und vermittelt uns eine heimelige Atmosphäre. Er führt zur Besinnlichkeit einer »warmen« Gelassenheit.

DUFTCHARAKTER: süß, warm, ausgleichend, vermittelt Geborgenheit. Er stillt ein Bedürfnis, das natürlich nicht nur in den Wintermonaten existiert. Eine ähnliche Aussage der Geborgenheit wie der Honigduft haben auch Vanille, Sandelholz und Kakao.

MISCHT SICH GUT MIT: Mandarine, Grapefruit, Vanille. Für die Duftlampe sollte Honigöl immer mit einem Zitrusöl verdünnt werden.

WIRKT IM KÖRPER: hautpflegend, hautberuhigend

WIRKT IM GEMÜT: erwärmend, ausgleichend, trostspendend

WIRD EINGESETZT: zur Förderung der Geborgenheit und für das innere Wohlgefühl

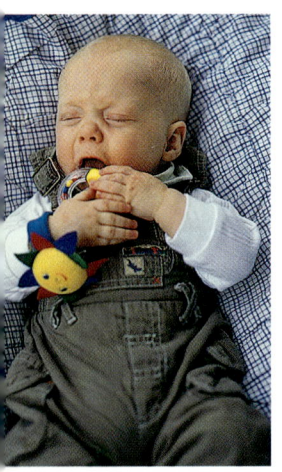

Weinende Babys entspannen sich häufig unter dem sanften Duft von Vanille, Honig, Benzoe oder Sandelholz.

Sandelholz

Botanischer Name: Santalum album
Herkunft: Indien
Gewinnung: Wasserdampfdestillation
Pflanzenteil: Holz
Kinderalter: ab Säugling

Der Duft des Sandelholzes ist als einer der kostbarsten Schätze des Orients bekannt. In Asien wird Sandelholz als heiliger Duft verehrt: In heiligen Stätten und Tempeln ist er allgegenwärtig.
Sandelholz gehört zum Duftthema Holz beziehungsweise Stamm. Deshalb vereint dieser Duft auch die typischen Merkmale dieses Themenkreises. Das Irdisch-Verwurzelte ist die eine Seite des Sandelholzduftes, das Himmlisch-Kosmische die andere Seite. Zwei Gegensätze also, die sich hier harmonisch vereinen und die sich auch in der Wirkung des Duftes entfalten. Man kann diesen Duft auch als Synonym für Sanftheit, Geborgenheit und Herzenswärme charakterisieren.

DUFTCHARAKTER: süß, warm, holzig, balsamisch und exotisch. Sandelholz führt zu einer inneren Ruhe und Ausgeglichenheit, die ihre Heiterkeit aber nicht verliert. Es hilft Säuglingen und Kleinkindern, sich leichter ins Irdische und Weltliche einzuleben. Öle, die eine ähnliche Aussage und Thematik haben, sind Rosenholz und Zedernholz.
MISCHT SICH GUT MIT: Zitrusfrüchten, Lavendel fein, Neroli und Rose und gegebenenfalls mit Angelikawurzel
WIRKT IM KÖRPER: auf die Körpermitte von Herz bis Sonnengeflecht, erwärmend
WIRKT IM GEMÜT: ausgleichend, besänftigend
WIRD EINGESETZT: zur Hautpflege, bei Stress und Schlaflosigkeit

Rosenholz

Botanischer Name: Aniba rosaeodora
Herkunft: Brasilien
Gewinnung: Wasserdampfdestillation
Pflanzenteil: Holz
Kinderalter: ab Säugling

Dieser Duft ist bei Kindern im Sinne des Sandelholzes (siehe vorherige Seite) anwendbar. Rosenholz duftet zudem blumig, rosig und ist damit eine Alternative für »Nasen«, die sich mit dem Sandelholzduft schwer tun. Wer die Themen des Sandelholzes variieren möchte, kann alternativ zu Rosenholz greifen. Auch um den teuren Rosenduft etwas zu »verlängern«, ist das Rosenholz passend.

Das Rosenholzöl unterstützt die hautpflegende und beruhigende Wirkung anderer Öle. Wie Sandelholz ist dieses Öl eines der kostbaren Öle für Säuglinge. Es eignet sich für Ölmischungen mit Basisölen zur Babymassage.

CHARAKTERISTIK: süß, leicht, waldig, holzig-warm, balsamisch, etwas samtig, blumig-rosig
MISCHT SICH GUT MIT: Benzoe, Neroli, Muskatellersalbei, Rosengeranie und Rose
WIRKT IM KÖRPER: auf die Haut, beruhigend auf die Verdauungsorgane
WIRKT IM GEMÜT: entspannend, reduzierend auf alle Überreizungen
WIRD EINGESETZT: zur Hautpflege, bei Schreikindern, als Einschlaföl

Zedernholz

Botanischer Name: Cedrus atlantica (Atlaszeder)
Herkunft: Marokko
Gewinnung: Wasserdampfdestillation
Pflanzenteil: Holz
Kinderalter: ab 3 Jahre

Die Zeder ist wie Sandelholz und Rosenholz ein weiteres Öl zum Thema »Stamm«. Rosenholz spricht meistens eher die Mädchen an, die Zeder dagegen oft die Jungen. Sandelholz und Rosenholz sind schon im Säuglingsalter anzuwenden, das Zedernöl erst ab 3 Jahren.

Gerade wenn die Kinder im Schulalltag Gefahr laufen, ihren Halt und ihre Wurzeln zu verlieren, hilft dieses Öl die Bodenständigkeit zu fördern. Ähnliche Probleme können auch in der Pubertät auftreten. Was bei Mädchen in dieser Zeit mit Rosengeranie und Muskatellersalbei behandelt werden kann und ihre weibliche Seite mehr unterstützt, fördert Zeder auf der männlichen Seite der Entwicklung.

DUFTCHARAKTER: weich, holzig, frisch, waldig, warm
MISCHT SICH GUT MIT: Zirbelkiefer, Angelikawurzel, Lavendel fein, Zitrusdüften und Rosengeranie
WIRKT IM KÖRPER: positiv auf Atmung und Bronchien
WIRKT IM GEMÜT: aufbauend, ausgleichend, erdend
WIRD EINGESETZT: bei seelischer Entwurzelung, zur Stabilisierung der Persönlichkeit, zur Behandlung der Haut

Rose

Botanischer Name: Rose damascena
Herkunft: Türkei, Marokko, Bulgarien, Indien
Gewinnung: Wasserdampfdestillation
Pflanzenteil: Blüte
Kinderalter: ab Säugling

Rosenöl harmonisiert die verschiedenen menschlichen Gefühls- und Gemütszustände und hilft, dass sie sich aufeinander einpendeln. Auch den Körper bringt Rosenöl in Balance.

Eine sehr empfehlenswerte Alternative zum Rosenöl ist der so genannte Rosenattar; hierbei werden die Rosenblüten auf Sandelholz destilliert. Der Duft dieses ätherischen Öles ist etwas weicher und sanfter als die meisten Rosenöle.

Die Rose als Symbol der Liebe, des Besonderen und Ästhetischen ist weltweit allgegenwärtig und beliebt. Als »Königin des Blumenreiches« verzaubert sie uns durch ihren Duft wie keine andere Blüte.

DUFTCHARAKTER: sehr blumig, süß, vielschichtig, elegant, balsamisch, warm, reif, edel, etwas samtig und manchmal etwas schwer
MISCHT SICH GUT MIT: Sandelholz, Lavendel, Zitrusdüften, Zeder, Neroli und Melisse
WIRKT IM KÖRPER: hautpflegend, krampflösend, antibakteriell und antiviral
WIRKT IM GEMÜT: im Gesamten harmonisierend
WIRD EINGESETZT: für Festtagsstimmungen, Hautpflege und Wundheilung, Wochenbettdepressionen und bei der Geburt

Rosengeranie

> **Botanischer Name:** Pelargonium graveolens
> **Herkunft:** Ägypten, Madagaskar
> **Gewinnung:** Wasserdampfdestillation
> **Pflanzenteil:** Blatt
> **Kinderalter:** ab 3 Jahre

Obwohl das ätherische Öl der Rosengeranie aus den Blättern dieser Pflanze gewonnen wird, erinnert ihr Duft eher an Blüten. Vor allem in der schwierigen Zeit der Pubertät ist die Rosengeranie wegen ihres Duftes bei Mädchen beliebt. Sie glättet Gemütsverstimmungen und beeinflusst sie positiv. Zudem wirkt sie auch ausgleichend auf Hormonschwankungen und erleichtert das prämenstruelle Syndrom. Hierfür wird sie gerne mit Muskatellersalbei gemischt.

Rosengeranie zügelt bei Kindern, die gerne aus der Haut fahren, die Wut, indem sie Freude schafft und wieder das sonnige Gemüt weckt. Auch wenn Kindern einmal die »Decke auf den Kopf fällt« und die Ferien noch nicht in Sicht sind, hilft dieses Öl ausgezeichnet.

Rosengeranie ist aber auch ein wunderbares Mittel, um Insekten fern zu halten. In einer Mischung mit Zedernholz ist es besonders wirksam.

DUFTCHARAKTER: warm, sanft blumig und balsamisch, etwas krautig, leicht frisch und rosig

MISCHT SICH GUT MIT: Muskatellersalbei, Rosenholz und Rose. Wie das Rosenholzöl kann man mit Rosengeranie das wertvolle Rosenöl ergänzen.

WIRKT IM KÖRPER: hautpflegend, reduziert Stress, der auf den Magen schlägt, antibakteriell, antimykotisch

WIRKT IM GEMÜT: harmonisierend, ausgleichend, aufmunternd und tröstend

WIRD EINGESETZT: bei Stimmungstiefs, Körperpflege, Akne, prämenstruellen Beschwerden (in der Pubertät)

Muskatellersalbei

Botanischer Name: Salvia sclarea
Herkunft: Italien, Frankreich
Gewinnung: Wasserdampfdestillation
Pflanzenteil: angetrocknetes, blühendes Kraut
Kinderalter: ab 7 Jahre

Der Muskatellersalbei wurde häufig auch schon als der »Harlekin« unter den ätherischen Ölen bezeichnet, weil er ein schillerndes Duftthema hat. Diese schillernden Facetten wollen aber auch erarbeitet werden. Es lohnt sich: Es eröffnen sich stetig neue Duftnuancen, die beim ersten, oberflächlichen Schnuppern verborgen bleiben. Der Muskatellersalbei heitert das Gemüt wesentlich tiefgreifender auf als z.B. die leichten Zitrusöle.

DUFTCHARAKTER: inspirierend und euphorisierend, weckt aber auch Neugierde auf Unerwartetes. Muskatellersalbei ruft pure und ungestüme Lebensfreude hervor. Gerade in der problembelasteten Zeit der Pubertät fehlt oft diese Lebensfreude, deshalb ist dieses ätherische Öl hier hilfreich. Auch wenn in der Pubertät die Hormone anfangen verrückt zu spielen, ist Muskatellersalbei eine Möglichkeit zum Ausgleich.
MISCHT SICH GUT MIT: Sandelholz und Rosengeranie
WIRKT IM KÖRPER: entspannend, entkrampfend, verdauungsfördernd
WIRKT IM GEMÜT: entspannend, belebend, inspirierend
WIRD EINGESETZT: bei eingefahrenen Situationen, Gemütsverstimmungen (Pubertät), prämenstruellen Beschwerden

Lavendel (FEIN)

> **Botanischer Name:** Lavandula angustifolia oder officinalis
> **Herkunft:** Frankreich
> **Gewinnung:** Wasserdampfdestillation
> **Pflanzenteil:** Blütenrispe
> **Kinderalter:** ab Säugling

Der Lavendel ist einer der wertvollsten und verbreitetsten Düfte. In der freien Natur hat es der Lavendel nicht leicht, denn er wächst in den steilen, steinigen und höheren Bergregionen der Haute Provence, ist im Winter also heftigen Stürmen und rauem Klima ausgesetzt, im Sommer dagegen sengender Hitze und großer Trockenheit. Trotz all dieser Widrigkeiten blüht er aber jedes Jahr äußerst üppig. Das Grundthema dieses Öles ist deshalb die Vereinigung großer Gegensätze.

Das Lavendelöl beruhigt einerseits und regt trotzdem an. Es gleicht aus und »mittet« wie kein anderes Öl. Auch bei Hautreizungen und zur Förderung der Wundheilung sind Lavendel-Öle sehr geeignet; sie können sogar pur auf die Haut aufgetragen werden! Kleinere Verbrennungen, Schnitte oder Insektenstiche lassen sich so sanft und sehr effektiv behandeln.

DUFTCHARAKTER: frisch, blumig, leicht krautig, klar, frei
MISCHT SICH GUT MIT: allen ätherischen Ölen, vor allem aber mit extremen Düften, wenn sie mittiger und runder werden sollen
WIRKT IM KÖRPER: wundheilend, antiseptisch, gegen Pilzbefall, regt die Verdauungssäfte an
WIRKT IM GEMÜT: ausgleichend, zur Mitte führend, anregend, aufbauend, leicht erfrischend
WIRD EINGESETZT: bei Insektenstichen, leichten Verbrennungen, Sonnenbrand, Schlafstörungen

Alle Lavendelöle haben einen ausgleichenden Charakter und werden deshalb oft bei Stress, Anspannung, Ärger und mangelnder Gelassenheit verordnet. Für Säuglinge und Kinder bitte nur Lavendel fein verwenden!

Zirbelkiefer

Botanischer Name: Pinus cembra
Herkunft: Italien
Gewinnung: Wasserdampfdestillation
Pflanzenteil: Zweig, Nadeln
Kinderalter: ab 3 Jahren

Gegen raue Bedingungen muss sich die Zirbelkiefer wie kein anderer Baum behaupten: Sie wächst in den Bergen an der Vegetationsgrenze der Bäume und muss mit strengen, langen Wintern und großen Schneelasten fertig werden. Ihr Zuhause sind karge, nährstoffarme Böden, extreme Kälte und kurze Sommer mit intensiver Sonneneinstrahlung. Weil sie gerne einzeln steht und sich in dieser luftigen und lichten Höhe wohl fühlt, ist sie unter den Koniferen das Öl mit dem stärksten Bezug zu Licht und himmlischer Leichtigkeit. Lebenshunger und Ausdauer sind ihre typischen Merkmale.

Kinder haben noch das ganze Leben vor sich: Wünsche und Träume reichen noch unendlich in die Zukunft. Licht und leicht trotzen sie noch den Lebenswidrigkeiten mit Freude und Energie.

Wie alle anderen Nadelöle auch steht die Zirbelkiefer eng mit dem Thema Atmung und Gedankenarbeit in Verbindung. Deshalb eignet sie sich für Kinder mit Lungenproblemen und einer schwachen Konstitution ebenso wie auch für geistig schnell ermüdende Kinder.

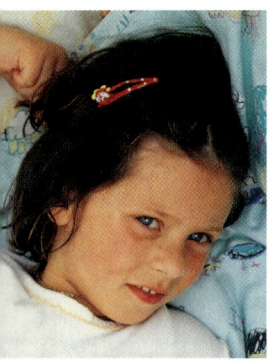

DUFTCHARAKTER: holzig, rein, frisch-waldig, hell-luftig
MISCHT SICH GUT MIT: Angelikawurzel zur Stärkung, bei Problemen mit den Atemwegen mit Zitroneneukalyptus und Nanaminze, zur Konzentration mit Grapefruit und Litsea
WIRKT IM KÖRPER: positiv auf die Atmung
WIRKT IM GEMÜT: klärend für Gedanken und Kopf
WIRD EINGESETZT: wenn das Atmen schwer fällt, für das Lernen

Angelikawurzel

> **Botanischer Name:** Angelica archangelica
> **Herkunft:** Ungarn, Indien
> **Gewinnung:** Wasserdampfdestillation
> **Pflanzenteil:** Wurzel
> **Kinderalter:** ab 3 Jahre

Obwohl Wurzelöle ja normalerweise keine idealen Kinderöle sind, ist das ätherische Öl der Angelikawurzel eine Ausnahme. Zum irdischen Aspekt, der typisch für Wurzelöle ist, bildet die himmlische Leichtigkeit den Kontrapunkt. Eben diese Leichtigkeit macht die Angelikawurzel zum idealen Öl für Kinder. Das wusste man schon vor langer Zeit: Seit alters her wurde der »Engel-Wurz-Balsam« schon bei Säuglingen gerne gegen Schnupfen verordnet.

Das ätherische Öl der Angelikawurzel ist in der Aromatherapie *das* »Powermittel«. Es kräftigt und stärkt den gesamten Organismus und ist deshalb besonders sinnvoll nach längeren Krankheiten. Aber auch zarte, schwache und anfällige Kinder profitieren von diesem Öl, das gleichzeitig ihr Gemüt stärkt und ihr Selbstbewusstsein aufbauen hilft. Das Öl der Angelikawurzel »bringt wieder auf den Boden« und gibt die Kraft zum Durchhalten – z.B. vor den Ferien oder in Prüfungszeiten.

DUFTCHARAKTER: erdig, krautig, leicht bitter, warm und insgesamt leichter als andere Wurzelöle
MISCHT SICH GUT MIT: Sandelholz, Zedernholz und Zirbelkiefer zur Kräftigung und Stärkung, mit Grapefruit für das Durchhaltevermögen
WIRKT IM KÖRPER: stärkend, auf den unteren Bauchraum, auf die Lendenwirbelsäule
WIRKT IM GEMÜT: erdend, stabilisierend, positiv auf das Durchhaltevermögen
WIRD EINGESETZT: als Kräftigungsmittel, zur Schleimlösung bei Schnupfen

Neroli (Bitterorangenblüte)

Botanischer Name: Citrus aurantium
Herkunft: Ägypten, Marokko, Italien
Gewinnung: Wasserdampfdestillation
Pflanzenteil: Blüte
Kinderalter: ab Säugling

Als Zitrusblüte passt sie zu Säuglingen und Kindern: Wie alle Zitrusdüfte verströmt auch sie südländische Wärme und Lebensfreude und schmeichelt so der Kinderseele. Die Blüte dieses Baumes in ihrer zarten Leichtigkeit macht fröhlich, offen und heiter.

Neroli ist *das* Schutzöl unter den ätherischen Ölen. Es schützt vor Ängsten, Alpträumen, Sinnesüberreizungen bei Säuglingen und Kleinkindern, Schul- und Prüfungsängsten, aber auch bei Ansteckungsgefahr (Erkältungs- und Grippewellen).

Blütenöle helfen kleinen und großen Menschen,
die das Leben zu ernst und zu schwer sehen.
Sie vermitteln Leichtigkeit und Lebensfreude und
öffnen Wege zu neuen Ideen und Interessen.

DUFTCHARAKTER: weich, zart, blumig, leicht samtig, warm, süßlich
MISCHT SICH GUT MIT: Zitrusölen, Melisse 30%, Lavendel fein, Sandelholz
WIRKT IM KÖRPER: entkrampfend, gegen Blähungen, verdauungsfördernd
WIRKT IM GEMÜT: gegen Angst, gegen Schlaflosigkeit und Anspannung
WIRD EINGESETZT: bei Alpträumen, allgemeinen Ängsten, Stress, Schlaflosigkeit, generell als Schutzöl

Melisse (MELISSE 30%)

> **Botanischer Name:** Melissa officinalis
> **Herkunft:** Frankreich, Italien
> **Gewinnung:** Wasserdampfdestillation
> **Pflanzenteil:** Kraut
> **Kinderalter:** ab Säugling

Schon Hildegard von Bingen beschrieb die Melisse als die Pflanze mit der »Kraft von 15 Kräutern«.
Tatsächlich zählt das Melissenöl zu den kostbarsten und wertvollsten ätherischen Ölen. Neben den vielschichtigen Wirkungen, die dieses Öl hat, ist für Säuglinge und Kinder gerade sein schützender und stressreduzierender Charakter interessant.
Melisse ist *das* Antistressöl überhaupt. Es muntert auf und stärkt. Wenn der Schul- und Lernstress Oberhand gewinnt, darf Melisse in einer Ölmischung nicht fehlen.
Das Melissenöl ist wie auch Neroli als Schutzöl ideal.

DUFTCHARAKTER: zitrusähnlich, krautig, frisch, leicht süßlich, warm
MISCHT SICH GUT MIT: Neroli, Lavendel, Sandelholz, Zitrusölen. Empfehlenswert ist »Melisse 30%«, das reines Melissenöl und 70% Lavendel fein enthält. (Erhältlich z.B. bei Primavera, siehe Anhang.)
WIRKT IM KÖRPER: krampflösend, ausgleichend, beruhigend auf die Organfunktionen
WIRKT IM GEMÜT: als Schutzöl, allgemein gegen Stress
WIRD EINGESETZT: bei Schlafstörungen, Alpträumen, Herpes, Insektenstichen

Schafgarbe

Botanischer Name: Achillea millefolium
Herkunft: Ungarn, Italien, Frankreich
Gewinnung: Wasserdampfdestillation
Pflanzenteil: Blüte, blühendes Kraut
Kinderalter: ab 3 Jahre

Fast senkrecht sucht sich der Stängel der Schafgarbe seinen Weg in den Himmel; die Blütendolde spannt sich auf wie ein Schirm und streckt ihre Blüten geradlinig nach oben. Eine ausgeprägte Pfahlwurzel bietet soliden Halt für das luftige, himmlische und offene Pflanzenwesen. Die Aussagekraft der Schafgarbe ist also die Ausrichtung vom Irdischen zum Himmlischen. Sich für himmlische Kräfte öffnen, das ist ein Hauptthema des Schafgarbenöles. Nicht umsonst wird es in der Aromatherapie auch als *das* Meditationsöl bezeichnet.

Es öffnet uns ganz besonders für die Themen Fantasie, neue lichte Gedanken und Intuition. Es ist somit auch ein ideales Öl für die Pubertät, um sich neuen Entwicklungsschritten zu öffnen. In der Schule hilft es, sich schwer zugänglichen Lerninhalten leichter zu nähern.

Für Säuglinge und Kleinkinder ist dieses Öl nicht empfehlenswert. Sie sind noch zu stark mit dem Thema Himmel verhaftet. In diesem Alter ist die Anwendung des Schafgarbenöles den Fachleuten vorbehalten.

DUFTCHARAKTER: warm, krautig, leicht bitter, etwas harzig, aromatisch herb
MISCHT SICH GUT MIT: Lavendel fein, Muskatellersalbei, Rosengeranie, auch mit Zitrusdüften
WIRKT IM KÖRPER: wundheilend, krampflösend, heilsam bei Sonnenbrand, Leber und Galle anregend
WIRKT IM GEMÜT: ausgleichend, inspirierend, bei Verwirrung und Unsicherheiten sollte es immer mit anderen ätherischen Ölen gemischt werden
WIRD EINGESETZT: bei Appetitlosigkeit und für künstlerische, kreative Arbeiten

Karottensamenöl

Botanischer Name: Daucus carota
Herkunft: Marokko
Gewinnung: Wasserdampfdestillation
Pflanzenteil: Samen
Kinderalter: ab Säugling

Das Karottensamenöl ist dem Bild nach der Schafgarbe sehr ähnlich, da diese Pflanze auch zur Familie der Doldenblütler gehört. Da das Öl aber nicht wie bei der Schafgarbe aus der Blüte, sondern aus den Samen gewonnen wird, entspricht es der Thematik aller Öle, die aus Samen gewonnen werden.

Von der Wurzel bis zur Blüte: das Gesamtbild der Pflanze kommt hierbei zum Tragen. Vor allem das Thema der ausgeprägten Pfahlwurzel spielt eine große Rolle. Die Verankerung im Boden ist stärker und stabiler. Die Beziehung zu Mutter Erde ist daher ausgeprägter als bei der Schafgarbe als reines Blütenöl.

Das ätherische Öl des Karottensamens vermittelt aber genauso auch eine himmlische Ausrichtung: Kreativität, Intuition, Fantasie und neue Ideen werden angeregt. Durch den starken Halt der Wurzel bleibt die Verbindung zum Irdischen, zur Erde aber erhalten.

Dieses Öl ist für Säuglinge und Kinder immer auch kräftigend und wirkt stabilisierend auf den Organismus. Für Säuglinge ist demnach das ätherische Öl des Karottensamens auf jeden Fall dem Öl der Schafgarbe vorzuziehen, weil Säuglinge sich erst noch ins Irdische einleben müssen.

DUFTCHARAKTER: warm, leicht und etwas erdig
MISCHT SICH GUT MIT: Honig, Mandarine, Lavendel fein, Sandelholz und Vanille
WIRKT IM KÖRPER: stärkend, nährend, pflegend für die Gesichtshaut
WIRKT IM GEMÜT: ausgleichend
WIRD EINGESETZT: zur Inspiration bei schöpferischen Tätigkeiten

Fenchel süß

Botanischer Name: Foeniculum vulgare dulce
Herkunft: Italien, Frankreich, Griechenland
Gewinnung: Wasserdampfdestillation
Pflanzenteil: Samen
Kinderalter: ab Säugling

Auch das Fenchelöl stammt von einem Doldenblütler. Es hat also die gleichen Charakteristika wie die Schafgarbe und das Karottensamenöl. Seine Individualität fällt aber trotzdem auf: Es ist eines der bekanntesten Öle, die beim Säugling bei Blähungen, Koliken und allgemeinen Bauchbeschwerden eingesetzt werden. Man spricht auch von einem so genannten »Windeöl«, das man z.B. als Zusatz zu Massageölen einsetzen kann.
Außerdem steht das Fenchelöl aber auch für *das* Nerventonikum in der Aromatherapie. Sowohl im Säuglingsalter, bei Klein- und Schulkindern, aber auch für gestresste Erwachsene ist dieses Öl nervenstärkendes Tonikum.

DUFTCHARAKTER: süß, leicht herb, mild, anis-ähnlich, leicht und warm
MISCHT SICH ALS »WINDEÖL« GUT MIT: Anis, Lavendel fein und Angelikawurzel (in einem Basisöl)
MISCHT SICH GUT MIT: Lavendel fein, Angelikawurzel, Sandelholz und Benzoe Siam als Nerventonikum
WIRKT IM KÖRPER: verdauungsfördernd, blähungswidrig, schleimlösend, gegen Hustenreiz
WIRKT IM GEMÜT: entspannend, ausgleichend, nervenstärkend
WIRD EINGESETZT: als Nerventonikum und bei Säuglingen gegen Blähungen

Anis

Botanischer Name: Pimpinella anisum
Herkunft: Frankreich, Italien
Gewinnung: Wasserdampfdestillation
Pflanzenteil: Samen
Kinderalter: ab Säugling

Anis ist neben Fenchel ein wirksames »Windeöl«. Es eignet sich also ganz besonders für Säuglinge, die unter häufigen Blähungen und allgemeinen Bauchbeschwerden leiden. Aber auch zur Einstimmung auf die Schlafenszeit und für die nächtliche Ruhe ist Anis hilfreich, weil es einen beruhigenden, ausgleichenden Charakter hat.
Bei Erkältungskrankheiten und Husten wirkt es schleimlösend und insgesamt beruhigend auf die oberen Atemwege.
Anis gehört zur Familie der Doldenblütler und ist deshalb wie Schafgarbe, Karottensamenöl und Fenchel auch leicht, luftig und den himmlischen Themen sehr nahe.
Bei diesem Öl sollte aber genau auf die Dosierung geachtet werden!
Vor allem bei Säuglingen darf es nur in geringster Dosierung verwendet werden.

DUFTCHARAKTER: süß, warm, luftig leicht und doch würzig
MISCHT SICH GUT MIT: Fenchel, Angelikawurzel, Lavendel fein und Benzoe Siam
WIRKT IM KÖRPER: gegen Blähungen, verdauungsfördernd, bei Husten schleimlösend
WIRKT IM GEMÜT: entspannend, ausgleichend, stabilisierend
WIRD EINGESETZT: bei Verdauungsproblemen, um in die nächtliche Ruhe zu finden

Patchouli

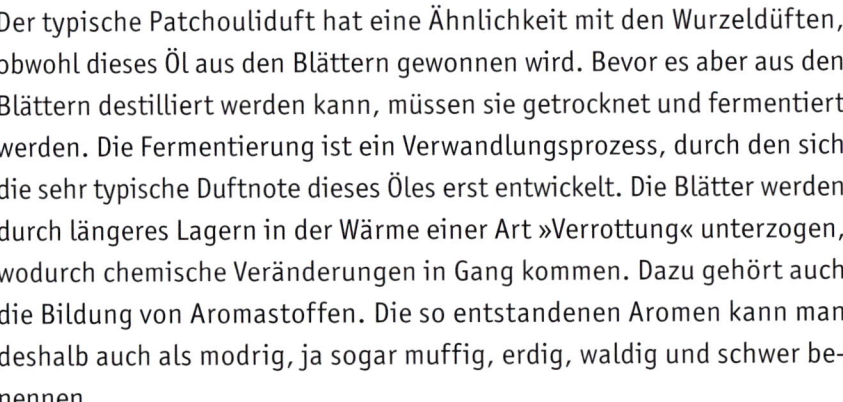

Botanischer Name: Pogostemon cablin
Herkunft: Indien
Gewinnung: Wasserdampfdestillation
Pflanzenteil: Blätter fermentiert
Kinderalter: ab Pubertät

Die Pubertät ist eine Phase der Verwandlung vom Kind zum Erwachsenen. Ein neuer Lebensabschnitt beginnt, dieser Neubeginn sollte jedoch nicht zu einer Entwurzelung führen. Patchouli kann dabei unterstützen.

Der typische Patchouliduft hat eine Ähnlichkeit mit den Wurzeldüften, obwohl dieses Öl aus den Blättern gewonnen wird. Bevor es aber aus den Blättern destilliert werden kann, müssen sie getrocknet und fermentiert werden. Die Fermentierung ist ein Verwandlungsprozess, durch den sich die sehr typische Duftnote dieses Öles erst entwickelt. Die Blätter werden durch längeres Lagern in der Wärme einer Art »Verrottung« unterzogen, wodurch chemische Veränderungen in Gang kommen. Dazu gehört auch die Bildung von Aromastoffen. Die so entstandenen Aromen kann man deshalb auch als modrig, ja sogar muffig, erdig, waldig und schwer benennen.

Auch auf der geistigen Ebene kann dieses Öl für eine Verwandlung sorgen: Ähnlich wie die Wurzelöle sorgt es für Erdung und Standfestigkeit, es vermittelt eine tiefe innere Ruhe und Gelassenheit. Es provoziert aber auch, Altes zurückzulassen und auf Neues zuzugehen, neue Ideen und Richtungen einzuschlagen oder einen neuen Lebensabschnitt zu beginnen. Deshalb ist Patchouli ein Öl, das sich in der Pubertät als unterstützend erwiesen hat.

DUFTCHARAKTER: rauchig, leicht modrig
MISCHT SICH GUT MIT: Zitrusölen (Orange, Mandarine, Grapefruit) und Blütenölen (Neroli, Rose, eventuell Lavendel fein)
WIRKT IM KÖRPER: generell beruhigend
WIRKT IM GEMÜT: neuorientierend
WIRD EINGESETZT: in Übergangszeiten (Pubertät), zur Meditation

Erkältungsöle

In dieser Übersicht finden Sie die wichtigsten Erkältungsöle für Kinder.

Ravensara
BOTANISCHER NAME: Ravensara aromatica
HERKUNFT: Madagaskar
GEWINNUNG: Wasserdampfdestillation
PFLANZENTEIL: Blatt
KINDERALTER: ab 7 Jahre
DUFTCHARAKTER: kampfrig, eukalyptusartig (etwas streng)
WIRKT: gegen Husten und Erkältungen, allgemein erfrischend, belebend und anregend, bei Antriebsschwäche und Lustlosigkeit, ausgleichend und stabilisierend bei Antriebsschwierigkeiten

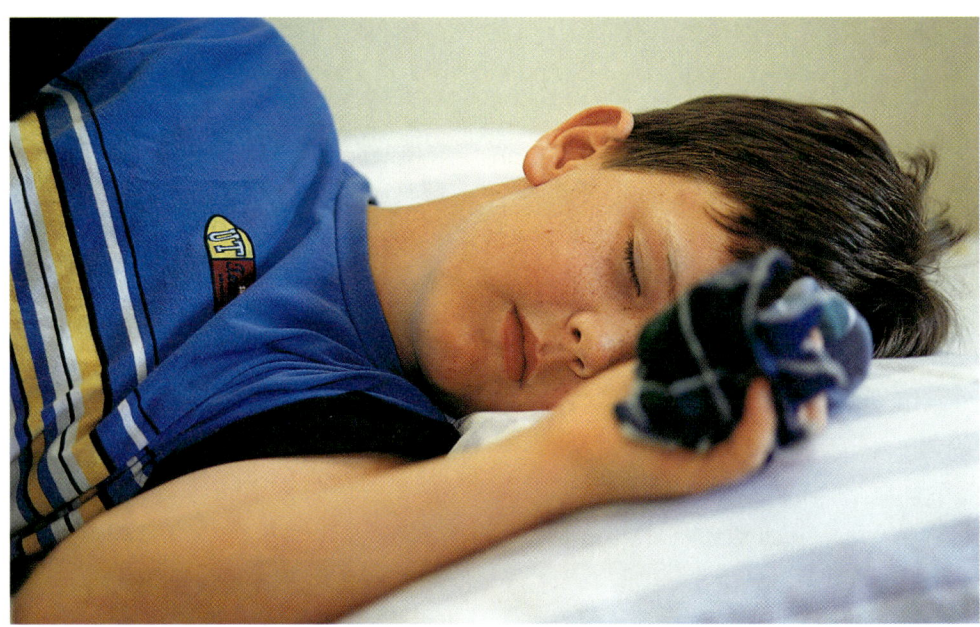

Zitroneneukalyptus

BOTANISCHER NAME: Corymbia citriodora
HERKUNFT: Madagaskar
GEWINNUNG: Wasserdampfdestillation
PFLANZENTEIL: Blatt
KINDERALTER: ab 7 Jahre
DUFTCHARAKTER: zitrusfrisch, eukalyptusartig, etwas blumig
WIRKT: bei Lustlosigkeit, Trägheit in der Schule und beim Lernen, bei erregten Gemütszuständen, bakterizid, günstig bei Bronchitis, Angina und allen Erkältungen

Thymian linalol

BOTANISCHER NAME: Thymus vulgaris (linalol)
HERKUNFT: Frankreich
GEWINNUNG: Wasserdampfdestillation
PFLANZENTEIL: Kraut
KINDERALTER: ab 2–3 Jahre
DUFTCHARAKTER: leicht, zitronig, süß, frisch, mild
WIRKT: konzentrationsfördernd, gibt Mut, gibt zusätzlich Energie bei physischer und psychischer Schwäche, desinfizierend, antiviral, krampf- und schleimlösend für die Atemwege

Ysop decumbens

BOTANISCHER NAME: Hyssopus officinalis (decumbens)
HERKUNFT: Frankreich
GEWINNUNG: Wasserdampfdestillation
PFLANZENTEIL: Kraut
KINDERALTER: ab 2–3 Jahre
DUFTCHARAKTER: würzig, süßlich, etwas nach Honig
WIRKT: klärend und zentrierend bei Gemütsschwankungen, schleimlösend bei Husten und Bronchitis

Nana-Minze

BOTANISCHER NAME: Mentha viridis
HERKUNFT: Marokko
GEWINNUNG: Wasserdampfdestillation
PFLANZENTEIL: Blatt
KINDERALTER: ab 7 Jahre
DUFTCHARAKTER: frisch, leichter und weicher minziger Duft
WIRKT: erfrischend, konzentrationsfördernd und allgemein anregend, befreiend für die oberen Atemwege

Hydrolate: Feine Duftwasser und ihre Anwendung

Hydrolate sind zu 100 % naturreine Blütenwässer und entstehen als Nebenprodukt bei der Destillation der ätherischen Öle. Echte, gute Hydrolate gehen mehrfach durch den Prozess der Wasserdampfdestillation, reichern sich deshalb stark mit den Kräften der Pflanzen an und erreichen so eine hohe Konzentration. Sie enthalten nur ganz feine Spuren der ätherischen Öle – bis zu 0,5 %.

Der restliche, große Bestandteil eines Hydrolates besteht aus den wasserlöslichen Inhaltsstoffen einer Pflanze: aus Spurenelementen, mineralischen Salzen, Alkaloiden und anderen, leicht flüchtigen Bestandteilen.

Hydrolate sind besonders für sensible Hauttypen eine interessante Alternative. Da man die Haut neben öligen auch mit wässrigen Lösungen behandeln kann, eignen sich Hydrolate hervorragend zur Anwendung von Umschlägen, Kompressen und zur allgemeinen Erfrischung.

Echte Hydrolate sind nicht mit handelsüblichen Duftwassern zu verwechseln: Duftwasser sind einfach nur in Wasser verschüttelte ätherische oder aber auch synthetische Öle.

Pflanzen, aus denen häufig Hydrolate gewonnen werden, sind z.B. Rose (Rosenwasser zur Herstellung von Marzipan) und Neroli (Orangenblütenwasser), Kamille und Lavendel.

Hydrolate sind zu 100 % naturreine Blütenwasser, die sich hervorragend für Umschläge, Kompressen und für die Duftlampe eignen. In einem geeigneten Fläschchen mit Zerstäuber werden sie zum erfrischenden Raumspray.

Besonders für die Duftlampen sind Hydrolate sehr geeignet. Entweder pur oder 1:1 mit Wasser gemischt, sind sie eine leichte und sanft dosierte Alternative zu ätherischen Ölen. Hydrolate lassen sich aber auch mit ätherischen Ölen zusammen in der Duftlampe anwenden.
Sie können auch ätherische Öle erweitern und ergänzen, weil sie mehr die wasserlöslichen Stoffe beinhalten. Gut eignen sich etwa folgende Kombinationen:
➤ Rosenwasser und das ätherische Öl der Rosengeranie oder Rose
➤ Sandelholzwasser und Sandelholzöl
➤ Melissenwasser und Lavendelöl

Folgende Hydrolate eignen sich für Kinder – ob in der Duftlampe, als Raumspray oder zur Körperpflege:

LAVENDEL-, HAMAMELIS- UND KAMILLENWASSER: für Problemhaut, auch zur Reinigung bei Akne und zur Unterstützung bei irritierter und angegriffener Haut

MELISSENWASSER: bei fettiger, unreiner Haut, beruhigt, stärkt, schützt bei Stress

NEROLI (ORANGENBLÜTENWASSER): bei trockener, sensibler Haut, tonisiert, belebt und erfrischt

ROSENWASSER: bei trockener Haut regulierend, ausgleichend, pflegend und kühlend

SANDELHOLZWASSER: sehr hautpflegend, harmonisierend und reinigend

Duftende Körperpflege- und Massageöle

Düfte sind nicht nur zum Schnuppern und Genießen über die Nase da; sie haben seit jeher einen festen Platz in der Körperpflege.
Ätherische Öle werden auch über die Haut aufgenommen. Über den Blutkreislauf stehen sie innerhalb kürzester Zeit dem gesamten Organismus zur Verfügung. Sie sind daher eine köstliche Beigabe bei der Hautpflege. Für Kinder sind Körperkontakt, Berührung und körperliche Zuwendung so wichtig wie Essen und Trinken. Liebevolle Berührung, auch in Form von Massagen, ist ein solides Fundament und eine Notwendigkeit, um Kinder gesund, glücklich und psychisch stabil groß werden zu lassen.
Seitdem das »Känguruhen« und die Babymassage bei uns immer mehr Anhänger finden, setzt sich auch die Wissenschaft vermehrt mit

dieser Thematik auseinander und bestätigt die Notwendigkeit von körperlicher Nähe.

Basisöle

Ätherische Öle, die man für Körperpflege oder Massage verwenden will, müssen zunächst einem Basisöl beigegeben werden. Eines der bekanntesten Basisöle ist das Mandelöl. Basisöle sind kaltgepresste, fette Pflanzenöle, die nicht mit den leicht flüchtigen ätherischen Ölen verwechselt werden dürfen.

Sie sind für die Hautpflege sehr geeignet, weil sie die Haut mit den notwendigen Nährstoffen versorgen. Gerade die Vitamine und die verschiedenen Fettsäuren nähren und schützen die Haut. Sie unterstützen die Hautfunktionen, fördern die Gleitfähigkeit und sind damit die Vorraussetzung für Massagen. Oft leisten Basisöle gute Dienste bei unterschiedlichsten Hautirritationen und langwierigen Hautproblemen.

Am liebsten kaltgepresst	Grundsätzlich sollte man zur Massage und Körperpflege als Basisöl nur rein pflanzliche Öle aus kalter Pressung verwenden. Von Ölen mineralischen Ursprungs ist absolut abzuraten (das sind i.d.R. alle handelsüblichen Babypflegeöle, die Erdölwachse = Parafinöl enthalten). Synthetische, also künstlich hergestellte Düfte und chemisch hergestellte Konservierungsmittel sind ebenso nicht geeignet, da deren Inhaltsstoffe zu unerwünschten Reaktionen im Organ- und Stoffwechselbereich führen können. Sie irritieren außerdem die natürliche Hautfunktion.

Pur verwenden können Sie folgende gängigen Basisöle:

MANDELÖL: eines der beliebtesten Kosmetik- und Massageöle, sehr neutral und reizarm. Wird auch bevorzugt in der Säuglingspflege verwendet.

OLIVENÖL: eignet sich besonders zur allgemeinen Kräftigung des Körpers und des gesamten Organismus und wirkt zudem entzündungshemmend.

JOJOBAÖL: eigentlich ein Pflanzenwachs, besonders lange haltbar. Es ist geruchsneutral und für alle Hauttypen geeignet. Ein weiterer Vorteil: Es schützt die Haut vor äußeren negativen Reizen und reduziert dadurch mögliche Hautirritationen.

Nicht nur Babys, auch ältere Kinder lieben es, mit duftenden Ölen massiert zu werden – und Erwachsene natürlich ebenso! Wir alle brauchen liebevolle Berührung, sie hält uns glücklich und gesund.

MAKADAMIANUSS: Wie alle Nussöle ist auch Makadamia sehr gehaltvoll und wirkt sich günstig auf die Gedächtnisleistung und das Nervensystem aus (Antistressöl). Das Öl der Makadamianuss ähnelt dem hauteigenen Fettsäurespektrum.

Zum Mischen geeignete Basisöle:

Die folgenden gehaltvollen Basisöle sollten mit den gängigen Basisölen im Verhältnis 1: 2 oder 1:3 gemischt werden.

WEIZENKEIMÖL: hat einen besonders hohen Anteil an Vitamin E. Deshalb wird es Erwachsenen mit Gelenk- und Wirbelsäulenproblemen besonders empfohlen. Es ist auch für Kinder sehr geeignet, da es sich günstig auf verschiedene Stoffwechselprozesse auswirkt.

SESAMÖL: eines der ältesten klassischen kosmetischen Edelöle, wirkt außergewöhnlich sanft, pflegend und regenerierend.

LEINSAMENÖL (LEINÖL): Leinöl hat einen sehr hohen Gehalt an Omega-3 Fettsäure, die sonst nur in den Fischölen vorkommt. Gerade zarten und kränklichen Kindern wurde früher traditionell zur allgemeinen Körperkräftigung Lebertran verabreicht, da die Omega-3 Fettsäure im Stoffwechsel eine erhebliche Rolle spielt.

AVOKADOÖL: zählt auch zu den reichhaltigen, feuchtigkeitsspendenden und besonders edlen kosmetischen Ölen. Empfehlenswert bei besonders empfindlichen Hauttypen.

Mazerate

Mazerate sind Basisöle mit Auszügen aus Pflanzenteilen, die durch längere Einlagerung in einem Öl allmählich bestimmte Inhaltsstoffe abgeben. Eines der bekanntesten Mazerate ist das Johanniskrautöl.

JOHANNISKRAUTÖL (ROTÖL/HYPERICUM): Durch die Inhaltsstoffe der Johannisblüten, die das Sonnenlicht speichern, ist das Johanniskrautöl seit alters her ein Klassiker zur Behandlung von Gemütsverstimmungen und Depressionen. Immer schon war es auch zur Wundheilung ein Favorit.

Achten Sie nach der Anwendung dieses Öles darauf, dass Sie sich oder die Kinder nicht direkt der Sonne aussetzen: phototoxische Wirkung!

CALENDULAÖL (RINGELBLUMEN): Unter den Mazeraten ist Calendula *das* Öl für Säuglinge und Kleinkinder. Es ist zum einen ein wunderbares Pflegemittel, aber auch bei den typischen Hautirritationen der ganz Kleinen kann es Wunder wirken.

ALOE-VERA-ÖL: Die kaktusähnliche Pflanze ist berühmt für ihre zellregenerierende und damit wundheilende Wirkung. Auch für Hautverbrennungen (Sonnenbrand) ist dieses Öl ein sanftes, aber hochwirksames Heilmittel. Aloe Vera spendet der Haut Feuchtigkeit.

Samenkernöle

Sie unterscheiden sich von den bisher genannten Basisölen, weil sie intensiv auf den Feuchtigkeitshaushalt der Haut einwirken. Die bekanntesten sind das Nachtkerzenöl und das Wildrosenöl (Rosa mosqueta), die gerne bei Neurodermitis und ähnlich schwierigen Hauterkrankungen ausprobiert werden. Damit werden stellenweise große Erfolge erzielt.
Im Handel werden die Samenkernöle meistens in Kapselform als hochwertige Mischungen angeboten. Samenkernöle werden in kleinen Mengen den Basisölen beigemischt: 1–3 Kapseln auf 50 ml Basisöl.

So werden Basisöle mit einem ätherischen Öl veredelt:

Um aus einem Basisöl ein Dufterlebnis zu kreieren, braucht man nur kleine Mengen ätherischer Öle. Für Säuglinge wird 1 Tropfen eines ätherischen Öles oder einer ätherischen Ölmischung auf 10 ml Basisöl gegeben und dann gut verschüttelt. Ab dem zweiten Lebensjahr kann man die Dosierung erhöhen: 2–3 Tropfen ätherisches Öl werden mit 10 ml Basisöl vermischt. Bis auf 5 Tropfen kann man die Dosis des ätherischen Öles ab dem 12. Lebensjahr erhöhen.

Was hilft wie? Übersicht über Einsatzmöglichkeiten ätherischer Öle

Hier finden Sie Einzelöle und Mischungen, die bei häufig auftretenden Beschwerden von Säuglingen, Kleinkindern und Schulkindern helfen und sie in ihrer Entwicklung unterstützen. Sie können aus den Einzelölen auch ganz eigene Kreationen mischen. Sie sind für die Duftlampe und zur wirksamen Anreicherung eines Massage- oder Hautpflegeöls geeignet.
Nicht vergessen: Mischungen aus ätherischen Ölen immer in einem neutralen Fläschchen mischen, bevor sie angewendet werden. Aus der so hergestellten Mischung werden nach gutem Verschütteln 1–3 Tropfen in die mit Wasser gefüllte Duftlampe gegeben.
Für Massage- und Hautpflegemischungen empfiehlt sich für Säuglinge 1 Tropfen ätherische Ölmischung auf 10 ml Basisöl, für Kleinkinder und Schulkinder 2–3 Tropfen auf 10 ml Basisöl.

Ängste, Alpträume, Überreizung
Neroli: 2 Tropfen
Melisse 30%: 5 Tr
Vanille: 2 Tr
Basisöl: Johanniskraut- oder Mandelöl
Für jedes Alter geeignet.

Aufmunterung
Mandarine (grün): 3 Tr
Melisse 30%: 2 Tr
Orange: 2 Tr
Zirbelkiefer: 2 Tr
Basisöl: Johanniskraut- oder Mandelöl
Für jedes Alter geeignet.

Zitrusdüfte wie Orange, Manderine oder Grapefruit vermitteln Lebensfreude und Energie. Zitrone selbst sollten Sie allerdings für Kinder nicht verwenden, für kleine Nasen ist dieser Duft noch zu kühl.

Belebung, Aktivierung

Geeignet sind Orange und Mandarine ab dem Säuglingsalter, Litsea, Grapefruit und Zirbelkiefer für Kleinkinder ab 3 Jahre und für Schulkinder. Nana-Minze und Ravensara für Schulkinder.

Blähungen, Bauchbeschwerden (»Windeöl«)

Fenchel süß: 3 Tr
Anis: 1 Tr
Angelikawurzel: 1 Tr
Lavendel fein: 2 Tr
Diese Ölmischung bildet eine Ausnahme: Sie wird nur als Bauchmassageöl verwendet und die ätherischen Öle werden ausnahmsweise mit 30 ml Johanniskraut- oder Olivenöl gemischt.
Für Säuglinge und Kleinkinder.

Einschlafschwierigkeiten, Unruhe (»Gute-Nacht-Mischung«)

Benzoe Siam: 3 Tr
Sandelholz oder Rosenholz: 2 Tr
Orange: 2 Tr
Lavendel fein: 5 Tr
Basisöl: Jojoba- oder Mandelöl
Für jedes Alter geeignet.

Entspannung, Beruhigung, Schlafförderung

Geeignet sind Lavendel fein, Sandelholz, Rosenholz, Honig, Melisse 30% ab dem Säuglingsalter, Angelikawurzel für Schulkinder.
Ergänzt sich gut mit Orange, Neroli, Rose.

Erdung, Stärkung, Kräftigung

Angelikawurzel: 1 Tr
Benzoe Siam: 3 Tr
Karottensamen: 2 Tr
Sandelholz oder Rosenholz: 4 Tr
Basisöl: Makadamianuss- oder Jojobaöl
Für jedes Alter geeignet.

Erkältungen

Angelikawurzel: 1 Tr
Thymian linalol: 3 Tr
Ysop decumbens: 1 Tr
Lavendel fein: 2 Tr
Diese Mischung ist nur für die Duftlampe geeignet.
Ab 2–3 Jahre.

»Festtagsmischung«

Für Anlässe, die besonders festlich und stimmungsvoll ausfallen sollen, für alle »Sonnentage« der Kindheit ist diese Mischung eine Krönung:

Neroli: 1 Tr
Rose oder Rosenattar: 1 Tr
Orange: 4 Tr
Rosenholz: 3 Tr
Basisöl: Mandelöl
Ab Säuglingsalter.

Förderung der inneren Standfestigkeit und Erdung

Geeignet sind Sandelholz, Rosenholz, Zedernholz für Kleinkinder ab 3 Jahren, Angelikawurzel für Schulkinder.
Ergänzt sich gut mit Lavendel fein.

Hautirritationen

Sandelholz oder Rosenholz: 2 Tr
Lavendel fein: 2 Tr
Honig: 1 Tr
Benzoe Siam: 1 Tr
Bei starkem Juckreiz kann diese Mischung mit 2 Tropfen Melisse 30% ergänzt werden.
Basisöl: Calendula und Nachtkerzenöl gemischt in einer Mischung 4 : 1.
Ab Säuglingsalter.

Hautpflege

Geeignet sind Sandelholz, Rosenholz, Lavendel fein, Melisse 30%, Benzoe Siam, Vanille, Honig ab dem Säuglingsalter.
Ergänzt sich gut mit Mandarine und Orange.

Heimweh, auch für Probleme beim Start in den Kindergarten oder Schulanfang

Neroli: 1 Tr
Melisse 30%: 2 Tr
Orange: 2 Tr
Benzoe Siam oder Vanille: 2 Tr
Karottensamen: 1 Tr
Basisöl: Mandelöl
Ab 2–3 Jahren.

Als Einzelöle sind geeignet Vanille, Benzoe Siam, Honig ab dem Säuglingsalter.
Ergänzt sich gut mit Orange, Mandarine rot.

Insektenabwehr
Geeignet sind Zedernholz, Lavendel fein für Säuglinge, Rosengeranie, Zitroneneukalyptus für Kleinkinder ab 3 Jahre.

Insektenstiche, kleine Wunden und Verbrennungen
Diese Mischung ist eine Ausnahme: Sie wird ab dem Säuglingsalter pur, direkt auf der Haut angewendet.
Melisse 30% pur oder 3 : 1 mit Johanniskrautöl gemischt.

Wenn im Sommer alles blüht und die Gefahr von Insektenstichen zunimmt, kann man Kinder mit einer Mischung aus Zedernholz und Lavendel – einem Basisöl beigemischt – prophylaktisch einölen.

Inspiration und Kreativität

Geeignet sind Schafgarbe, Karottensamen, Ysop decumbens ab 3 Jahren, Muskatellersalbei für Schulkinder, Patchouli in der Pubertät.
Ergänzt sich gut mit Litsea und Grapefruit.

Konzentrationsförderung

Geeignet sind Mandarine grün, Clementine, Grapefruit, geeignet für jedes Alter.
Litsea, Ysop decumbens, Nana-Minze, Ravensara und Zitroneneukalyptus für Schulkinder.

Lernen, Geistiges Arbeiten

Geeignet sind Zirbelkiefer, Zedernholz, Ravensara für Schulkinder.
Ergänzt sich gut mit Zitrusdüften.

Lern- oder Konzentrationsschwierigkeiten

Litsea: 5 Tr
Ravensara: 1 Tr
Zirbelkiefer: 1 Tr
Zedernholz: 2 Tr
Diese Duftölmischung wird nur in der Duftlampe während des Lernens angewendet.
Ab 6 Jahren.

Prüfungsängste, Schulstress

Neroli: 1 Tr
Melisse 30 %: 2 Tr
Zedernholz: 3 Tr
Litsea: 3 Tr

TIPP: Wenige Tropfen dieser Mischung auf ein Taschentuch geben und wenn nötig daran schnuppern.
Ab 6 Jahren.

Pubertätsprobleme (»Die ganze Welt ist gegen mich«)

Muskatellersalbei: 1 Tr
Rosengeranie: 2 Tr
Benzoe Siam: 1 Tr
Grapefruit (komplett) oder Litsea: 3 Tr
Diese Mischung kann mit 1 Tropfen Patchouli ergänzt werden. Sie kann zusätzlich zur Duftlampe oder Massage in ein Taschentuch getropft werden und so ein Schul- und Alltagsbegleiter sein.

Schutz und Reizreduzierung

Geeignet sind Neroli, Melisse 30%, Honig, Lavendel fein ab dem Säuglingsalter.
Ergänzt sich gut mit Orange und Sandelholz.

Stimmungsaufhellung

Geeignet sind alle Zitrusdüfte, bevorzugt Mandarine grün, Litsea für Kleinkinder ab 3 Jahre, Muskatellersalbei, Rosengeranie für Schulkinder.
Ergänzt sich gut mit Lavendel fein und Rose.

Ätherische Öle, die für Kinder, insbesondere Säuglinge, nicht angewendet werden dürfen

- Eisenkraut
- Eukalyptus (Ausnahme: Zitroneneukalyptus = Corymbia citriodora ab 2–3 Jahren)
- Kampfer
- Menthol
- Pfefferminze
- Rosmarin
- Salbei
- Thymian (Ausnahme: Thymian linalol = Thymus vulgaris linalol ab 2–3 Jahren)
- Wacholder
- Ysop (Ausnahme: Ysop decumbens = Hyssopus officinalis decumbens ab 2–3 Jahren)

Ätherische Öle, die nicht empfehlenswert sind:

- Koriander
- Kümmel
- Nelke
- alle Teebaumöle
- Wurzelöle (Ausnahme: Angelikawurzel)
- Zimt
- Zitrone

> Generell sollten ätherische Öle für Kinder keine scharfen, modrigen, kampferartigen, sehr erdigen, kalten oder reizenden Duftnoten enthalten. Alle extremen und extravaganten Duftnoten sind unpassend. Aromatherapeuten und Aromaexperten können auf Grund ihres geschulten Fachwissens von dieser Regel abweichen.
>
> **Warm, lieblich und mild**

Ätherische Öle dürfen nicht mit anderen Therapieformen verwechselt werden. Sie sind wirkungsmäßig nicht gleichzusetzen mit Heilkräutern und Ähnlichem. Ätherische Öle wirken zum Teil anders und sind *wesentlich konzentrierter*. Salbei- oder Kümmeltee sind beispielsweise nicht dasselbe wie ätherisches Salbei- oder Kümmelöl.

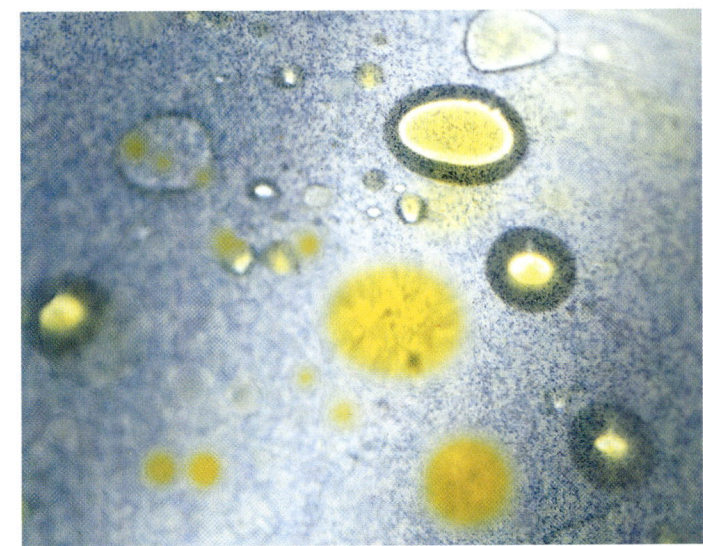

Wie duftende Sternchen, so schillern die Öltröpfchen auf dem Wasser. In ihrer Wirkungsweise können ätherische Öle ebenso intensiv wie subtil sein. Ihre Vielschichtigkeit ist ein Teil ihres Zaubers.

Anhang

Bezugsadressen für ätherische Öle und Räucherwerk

Bahnhof-Apotheke
Bahnhofstr. 12
87435 Kempten
Tel.: 0831/522 66 11
www.bahnhof-apotheke.de

Farfalla Essentials AG
Versandadresse:
Florastrasse 18
CH 8610 Uster
Tel.: 01/905 99 00
Fax: 01/905 99 09
(Läden in Zürich, Aarau, Basel, Bern, Luzern)
E-Mail: info@farfalla.ch
www.farfalla.ch

PRIMAVERA LIFE GmbH
Am Fichtenholz 5
87477 Sulzberg
Tel.: 08376/808-0
Fax: 08376/808-39
E-Mail: info@primavera-life.de
www.primavera-life.de

Light of Nature (früher: La Florina)
Lanzenhainer Straße 5
36396 Lautertal
Tel.: 06643/91 86 82
www.light-of-nature.de

Mittlerweile führen viele Naturkostläden, Naturwarengeschäfte, Reformhäuser, Apotheken und Kosmetikanbieter ein breites Sortiment an ätherischen Ölen und/oder Räucherwerk sowie Duftlampen. Ein besonders großes Angebot an Duftlampen finden Sie auch bei Farfalla, Primavera, der Bahnhof-Apotheke, Light of Nature sowie unter dieser Adresse:

Terra Arte
Straßberger Str. 16
80809 München
Tel.: 089/30 72 93 66
www.terra-arte.de

Unter http://www.aromapraxis.de/Adressen_Links/adressen_links.html finden Sie eine Vielzahl interessanter Links zum Thema Düfte, Aromatherapie und Aromapraxis.

Ausbildungen

Primavera Life
Adresse siehe Seite 104

Forum Essenzia e.V.
Meier-Helmbrecht-Str. 4
81377 München
Tel.: 089/714 53 91
www.forum-essenzia.de

Fachlich Interessierte finden auf dieser Seite Adressen, an die sie sich für weitere Informationen wenden können.

Institut balance esprit
Inge Andres
Kolpingweg 16
79219 Staufen
Tel.: 07633/92 50 00

Veroma – Vereinigung für Aromatologie und Aromatherapie
Felsenburgstr. 9
CH 8712 Stäfa

Institut Bruno Walter
Sailerstr. 7
87437 Kempten
Tel.: 0831/67 206
Fax: 0831/565 92 23
www.institut-bruno-walter.de
E-mail: info@institut-bruno-walter.de
Ausbildung zur Harmonischen Babymassage-Kursleiterin
Ausbildung zur Harmonischen Kindermassage-Kursleiterin
Intensiv-Seminar: Bachblüten-Schüssler-Salze
Fortbildung: Düfte im Kinderalter

Bücher:
Velten, Heidi/Walter, Bruno: *Harmonische Babymassage.* Berlin 2002
Velten, Heidi/Walter, Bruno: *Harmonische Kindermassage. So fördern Sie das Wohlbefinden Ihres Kindes.* München 2000

Literaturempfehlungen

Düfte

Fischer-Rizzi, Susanne: *Duft und Psyche. Kartenset mit Handbuch. Heilende Pflanzendüfte für Wohlbefinden und Freude.* Sulzberg 1991
Fischer-Rizzi, Susanne: *Himmlische Düfte. Aromatherapie, Anwendung wohlriechender Pflanzenessenzen und ihre Wirkung auf Körper und Seele.* Aarau 2002
Fischer-Rizzi, Susanne: *Poesie der Düfte. Vom schöpferischen Umgang mit edlen Pflanzendüften.* Sulzberg 1989
Jerman, Iris: *Immer der Nase nach. Ein Handbuch für die Verwendung ätherischer Öle in Familie, Kindergarten und Schule.* Kaufbeuren 1994
Kettenring, Maria: *Raumdüfte. Mit wohltuenden Düften leben und arbeiten.* Sulzberg 1994
Stadelmann, Ingeborg: *Die Hebammensprechstunde.* Wiggensbach 1994
Stadelmann, Ingeborg: *Bewährte Aromamischungen. Mit ätherischen Ölen leben – gebären – sterben.* Wiggensbach 2001

Räuchern

Bader, Marlis: *Räuchern mit heimischen Kräutern. Anwendung, Wirkung und Rituale im Jahreskreis.* München 2003
Fischer-Rizzi, Susanne: *Botschaften an den Himmel. Anwendung, Wirkung und Geschichte von duftendem Räucherwerk.* Aarau 2002
Rätsch, Christian: *Von den Wurzeln der Kultur. Die Pflanzen der Propheten.* Basel 1991
Zwickel, Wolfgang: *Räucherkult und Räuchergeräte.* Göttingen 1997

Fantasiereisen

Maschwitz, Gerda und Rüdiger: *Am Anfang war die Stille. Phantasiegeschichten für Kinder und Erwachsene* (CD). München 1997
Müller, Else: *Auf den Flügeln der Phantasie durchs Blau der Nacht* (Buch und CD). München 2003

Basisöle

Degan, Peter del: *Das Ölbuch. Mit 80 Rezepten.* München 1988
Pahlow, Mannfried: *Das große Buch der Heilpflanzen. Gesund durch die Heilkräfte der Natur.* München 1996
Uhlmayr, Ursula: *Wickel & Co. Bärenstarke Hausmittel für Kinder. Sanft und natürlich heilen – die besten Hausmittel für Kinder.* Burgberg 2001

Ein herzliches Dankeschön allen Kindern, die für dieses Buch Modell gestanden haben: Lisa, Lena, Raphaela, Ronia, Pia, Graziella, Lukas, Manuel, Teresa, Julian, Fabian und Jacqueline.

Bio-Düfte für zarte Nasen

Ihr Spezialist für ätherische Öle in Bio-Qualität.
Bei uns finden Sie alles für Ihr Wohlbefinden.

Ätherische Öle · Essenzenmischungen · Aromabäder · Massageöle ·
Naturkosmetik · Räucherwaren · Raumsprays und vieles mehr.
Bestellen Sie unseren Produktekatalog oder besuchen Sie unsere homepage.

Farfalla Essentials AG · Florastrasse 18 · CH-8610 Uster
Tel. +41 1-905 99 00 · Fax +41 1-905 99 09 · E-mail info@farfalla.ch · www.farfalla.ch

Körperliche Streicheleinheiten, die gut tun

Warum sollen nur Babys in den Genuss einer wohltuenden Massage kommen? Auch Kinder im Alter von 2 bis 6 Jahren genießen diese körperlichen Streicheleinheiten, insbesondere wenn Kopf- oder Bauchweh, Erkältungen oder Allergien ihr Wohlbefinden beeinträchtigen. Die von Bruno Walter entwickelte Harmonische Kindermassage wird Schritt für Schritt in Wort und Bild erklärt, sodass keine Vorkenntnisse notwendig sind.

Heidi Velten/Bruno Walter
HARMONISCHE KINDERMASSAGE
So fördern Sie das Wohlbefinden Ihres Kindes
128 Seiten. Gebunden
Mit zahlr. Farbfotos von Heidi Velten
ISBN 3-466-30532-2

Kompetent & lebendig.
LEBEN MIT KINDERN

Kösel-Verlag, München, e-mail: info@koesel.de
Besuchen Sie uns im Internet: www.koesel.de